14 de febrero de 2006
MW01627423
Pensando En Ti

Felicidades

Cielito Rosado®
para todos los días....

Publicado por Cielito Rosado, Incorporado
89 Ave. De Diego, MSC 517 Suite 105, San Juan, P. R. 00927

Primera Impresión
10 9 8 7 6 5 4 3 2 1



LIBRARY OF CONGRESS CATALOGING-IN-PUBLICATION DATA has been applied for:
ISBN: 0-9774820-0-6

Impreso por Imprelibros S.A.
Impreso en Colombia - Printed in Colombia

*De Don Luis Palés Matos*

*Mi restorán abierto en el camino*
*para tí, trashumante peregrino.*
*Comida limpia y varia*
*sin trucos de especiosa culinaria.*

*Hete aquí este paisaje digestivo*
*recién pescado en linfas antillanas:*
*rabo de costa en caldo de mar vivo,*
*con pimiento de luz y miel de ananas.*

*Si la inocua legumbre puritana*
*tu sobrio gusto siente*
*y a su térreo sabor híncale el diente*
*tu simple propensión vegetariana,*
*aquí está el racimo de bohíos*
*que a hombro de monte acogedor reposa*
*---monte con barba jíbara de ríos.*
*de camarón y guábara piojosa----*
*sobre cuyas techumbres cae, espesa,*
*yema de sol batida en mayonesa.*

*Tengo, para los gustos ultrafinos,*
*platos que son la gloria de la mesa.*
*Aquí estan unos pinos,*
*pinos a la francesa*
*en verleniana salsa de crepúsculo.*
*(El chef Rubén cuyos soberbios flanes*
*delicia son de líricos gurmanes,*
*les dedicó un opúsculo.)*

*Si a lo francés prefieres lo criollo*
*y tu apetencia, con loable intento,*
*pírrase por ajiaco y ajopollo*
*y sopón de embrujado condimento;*
*toma este calalú maravilloso*
*conque la noche tropical aduna*
*su maíz estrellado y luminoso,*
*y el diente de ajo de su media luna*
*en divino potaje sustancioso.*

*Sopa de Martinica, caldo fiero,*
*que el volcán Monte Peleé cuece y engorda.*
*Los huracanes soplan el brasero,*
*Y el caldo hierve y sube y se desborda*
*en rebullente espuma de luceros.*

*Mas si en la gama vegetal persiste*
*tu aleccionado instinto pacifista,*
*con el vate de Asís, alado y triste,*
*y Ghandi, el comeyerbas teosofista,*
*tengo setas de nubes remojadas*
*en su entrañable exudación de orballo,*
*grandes setas cargadas*
*con vitamina eléctrica de rayo,*
*que dan a quien su tónico acumula*
*la elemental potencia de la mula.*

*La casa luce habilidad maestra,*
*creando inusitadas maravillas*
*de cosas naturales y sencillas*
*para la lengua culturada y diestra.*
*Aquí te va una muestra:*
*palmeras al ciclón de las Antillas,*
*cañaveral horneado a fuego lento,*
*soufflé de platanales sobre el viento,*
*piñon de flamboyanes en su tinta,*
*o merienda playera*
*de uveros y manglares en salmuera,*
*para dejar la gula regulada*
*al propio Saladín de la Ensalada.*

*Mi restorán te brinda sus servivios.*
*Arrímate a la mesa, pasajero.*
*Come hasta hartar y seánte propicios*
*Los dioses de la Uva y el Puchero.*

# Introducción

*Mis casi 20 años en el mundo gastronómico, que comenzaron con Sabrosura, Inc., mi negocio de comidas y bizcochos, llegando al mágico mundo de la televisión a finales de los años 80, me han dado la oportunidad de crecer y diversificarme, trabajando en todo lo relacionado con nuestro estilo de vida.*

*Mis estudios de gastronomía con diferentes maestros culinarios y la pasión por mi profesión han ayudado a desarrollar mi estilo de cocinar dirigido, entre otros, al mundo actual donde la prisa del tiempo ha llevado a las personas que trabajan a distanciarse de nuestras cocinas. Quiero hacerle ver a mujeres y a hombres que cocinar puede ser divertido, económico y sirve para reunir y fortalecer la familia y el hogar.*

*En mis trabajos he puesto énfasis en diseñar recetas sencillas, exquisitas al paladar y fáciles de preparar, sumado a la presentación y a la buena mesa.*

*Con mucho amor, el ingrediente primordial al cocinar, les invito a que exploren, inventen y lleven felicidad a sus seres queridos desde sus cocinas. Mis amigos y amigas, para ustedes este regalo eterno, Mi Libro, Cielito Rosado para todos los días...*

*Bendiciones para todos.*

# Dedicatoria

*Este mi primer libro se lo dedico a todas esas personas que me siguen día a día en el programa, en mis escritos en prensa, en mis presentaciones personales, alrededor del mundo a través de mi página de internet y a todas esas mujeres y niñas, abuelas, jóvenes y caballeros, en fin, a todos ustedes mis fanáticos y mis seguidores, pues por ustedes he dado vida a este proyecto que con mucho esfuerzo y cariño hemos creado y producido con el propósito de llevar nuestra cocina, la sencilla, la puertorriqueña, a la mesa de todos ustedes.*

*Agradezco a mi familia por el apoyo incondicional en todos mis embelecos y por ayudarme a dar forma a lo que hoy se torna de sueño a una linda y hermosa realidad, para todos ustedes con mucho amor, Mi Libro, Cielito Rosado para todos los días.*

**Editora:**

*Cielito Rosado*

**Directora:**

*Cielito Rosado*

**Portada:**

*Fotografía-Ana Lluch*

*Maquillaje y Peinado-Maribel Borroto*

*Joche The Salon*

**Fotografía:**

*Cielito Rosado*

*Ana Lluch*

**Asistentes de Producción:**

*María N. Díaz*

*Mayra Rosado*

**Producción:**

*Diseño Gráfico-Cielomar Cuevas Rosado*

*Montaje-Aurora Comunicación*

**Correctora:**

*Rita Surface*

**Ventas:**

*Carlos J. Díaz*

*Diana de Jesús*

*En Mi Libro encontrarás recetas sencillas y sabrosas que podrás preparar en minutos con ingredientes económicos y fáciles de conseguir.*

*Verás que en la mayoría de las recetas se combinan ingredientes frescos y procesados que nos permiten cocinar ricos platos con rapidez.*

*Mi Libro consta de 22 secciones y una sección de Tablas y algo más para más información disponible.*

*En cada receta encontrarás un comentario de algún ingrediente o curiosidad relacionada a la receta y muchas orejitas para así sustituir o variar el plato.*

*Al lado izquierdo siempre encontrarás los ingredientes y el procedimiento al lado derecho, con iconos indicando tiempos de preparación y cocción de cada una de las recetas.*

*Es todo bien sencillo y sabroso para que sigan inventando todos los días en la cocina.*

## ACOMPAÑANTES



## ARROCES

## BEBIDAS

## BIZCOCHOS



## CARNES

## CHEESECAKES



## DESAYUNO



## DIPS

## EMPAREDADOS

## ADEREZOS Y ENSALADAS

## ENTREMESES



## FLANES

## FRITURITAS



## GALLETITAS

## PASTAS



## PESCADOS Y MARISCOS

## POLLO Y PAVOS



## POSTRES

## SALSAS

## SOPAS



## TARTAS

## TARTAS DULCES



## TABLAS Y ALGO MAS

# Acompañantes

# BERENJENAS EN SALSA DE PIMIENTOS

*La berenjena pelada y cocida con poca grasa estimula la función de hígado y vesícula biliar.*

**PREPARACION Y COCCION**

 **15 MIN**

 **25 MIN**

**8 PORCIONES**

## INGREDIENTES

**1 berenjena grande rebanada**

**Salsa:**
**2 cdas. aceite de oliva**
**½ taza cebolla picadita**
**1 cdita. ajo triturado**
**½ taza pimiento rojo picadito**
**½ taza pimiento amarillo picadito**
**½ taza pimiento verde picadito**
**2 tazas crema espesa**
**¼ taza cilantrillo**
**queso parmesano rallado**

1 En una sartén grande echa un chorrito de aceite de oliva, calienta, echa las berenjenas y cocina por varios minutos. Deja aparte.

2 En la misma sartén echa dos cucharadas de aceite de oliva, calienta, echa la cebolla, ajo, pimientos y cocina por 2 a 3 minutos.

3 Añade las berenjenas, la crema espesa, cilantrillo, sal, pimienta al gusto y cocina a temperatura mediana hasta que la salsa se reduzca y las berenjenas estén tiernas.

4 Añade el cilantrillo, el queso parmesano y sirve caliente.

### OREJITA

Puedes cortar las berenjenas en cuadritos. Esta receta la puedes hacer con gingambós.

# CACEROLA DE GARBANZOS Y CHORIZOS

***Los garbanzos son ricos en magnesio que protege al organismo contra enfermedades cardiovasculares.***

**PREPARACION Y COCCION**

 **15 MIN**  **30 MIN**

**8 PORCIONES**

## INGREDIENTES

**¼ taza aceite oliva**
**½ taza sofrito**
**4 chorizos rebanados**
**2 latas garbanzos hervidos**
**½ taza pimiento morrón picadito**
**1 taza salsa de tomate**
**2 tazas caldo de pollo**
**1 taza papas troceadas**
**1 taza calabaza troceada**
**1 taza repollo troceado**
**1 masito de hierbas frescas**
**sal al gusto**

1 En una cacerola mediana echa el aceite de oliva, sofrito, chorizos y cocina a temperatura mediana por 2 a 3 minutos.

2 Añade los garbanzos y el resto de los ingredientes, sazona al gusto. Tapa y cocina a temperatura mediana por 20 a 25 minutos.

**OREJITA**

Sirve con arroz blanco hervido.

# COUSCOUS TRICOLOR PORTOBELLO

*El couscous es un plato festivo y completo que se ha convertido en el plato nacional del norte de Africa.*

**PREPARACION Y COCCION**

 **15 MIN**  **15 MIN**

**8 PORCIONES**

## INGREDIENTES

- 1 taza couscous crudo
- 1 taza agua
- 1 cda. mantequilla
- 8 oz. setas portobello rebanadas y salteadas
- ¼ taza albahaca fresca picadita
- ¼ taza cilantrillo fresco picadito
- 1 taza tomates picaditos
- ½ taza pimiento rojo picadito
- 1 lata garbanzos, escurridos
- ½ taza aceite de oliva
- 2 cdas. vinagre balsámico
- 1 cdita. ajo
- sal al gusto

1. En una cacerola pequeña echa el agua, mantequilla y calienta hasta hervir. Echa el couscous, mezcla, retira de la hornilla, tapa y deja reposar por 4 a 5 minutos. Deja refrescar.
2. En una ensaladera echa el couscous, el resto de los ingredientes y sazona al gusto.

**OREJITA**

Perfecto para acompañar carnes o aves asadas.

# CHAYOTES CON HABICHUELITAS

*El chayote, oriundo del Nuevo Mundo, es alto en fibra y vitamina C, bajo en calorías.*

**PREPARACION Y COCCION**

 **15 MIN**  **20 MIN**

**4 • 6 PORCIONES**

## INGREDIENTES

**1 lb. habichuelitas verdes (tiernas) cocidas**
**4 chayotes verdes cocidos**
**¼ taza cebolla morada picadita**
**1 cdita. ajo triturado**
**½ taza aceite de oliva**

**2 guineos maduros rebanados**
**1 taza nueces picaditas**

1 En una cacerola mediana echa los chayotes, agua hasta cubrir los chayotes y sal al gusto. Cocina a temperatura mediana por 20 minutos. Deja refrescar.

2 En un envase mediano echa los chayotes, habichuelitas, cebolletas, ajo y aceite de oliva. Sazona al gusto. Echa en un molde y decora con los guineos, nueces y sirve inmediatamente.

### OREJITA

Puedes sustituir los chayotes por papas.

# ENSALADA DE PAPAS

*La papa contiene 20% de parte seca y 80% de agua.*

## PREPARACION Y COCCION

 20 MIN 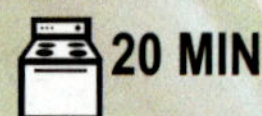 20 MIN

10 PORCIONES

## INGREDIENTES

3 lbs. papas (8 tazas de papas cortadas en cuadritos y hervidas)
4 huevos duros picaditos
¼ taza cebolla picadita
½ taza pimiento verde picadito
1 taza mayonesa
sal al gusto

1 En una cacerola grande echa 3 litros de agua y 3 cucharaditas de sal. Calienta hasta hervir. Echa las papas y cocina a temperatura mediana por 20 minutos. Escurre, deja enfriar.

2 En una ensaladera grande echa todos los ingredientes, sazona a gusto y deja en el refrigerador hasta el momento de servir.

## OREJITA

Puedes añadir 1 manzana troceadita.

# GARBANZOS FRITOS

***Los garbanzos tienen un elevado contenido de vitamina B1, calcio, fósforo, hierro, potasio y magnesio.***

**PREPARACION Y COCCION**

 **10 MIN**

 **15 MIN**

**4 • 6 PORCIONES**

## INGREDIENTES

**6 lascas tocineta picaditas**
**1 lata 15 oz. garbanzos, escurridos**
**¼ taza cebolla picadita**
**¼ taza perejil fresco picadito**

1. En una sartén echa la tocineta y cocina a temperatura mediana hasta que quede doradita, saca la tocineta y deja aparte.
2. En la grasita de la tocineta echa los garbanzos y fríe hasta que queden doraditos.
3. Añade la cebolla, tocineta frita y saltea por 2 a 3 minutos.
4. Añade el perejil y sazona al gusto.

**OREJITA**

Sirve y decora con perejil fresco picadito. Perfecto para acompañar carnes asadas.

# HABICHUELAS GUISÁ RAPIDITAS

*La habichuela es una hortaliza de alto valor nutritivo que mejora la digestibilidad y facilita el tránsito intestinal.*

PREPARACION Y COCCION

 15 MIN  30 MIN

6 PORCIONES

## INGREDIENTES

¼ taza aceite de oliva
¼ taza jamón de cocinar picadito
¼ taza sofrito
1 sobre sazonador con culantro y achiote
1 taza salsa de tomate
2 latas 15.5 oz. habichuelas rosadas
1 taza agua
½ taza calabaza troceadita
1 hoja de recao
sal al gusto

1 En una cacerola mediana calienta el aceite de oliva. Echa el jamón y cocina a temperatura mediana por 2 a 3 minutos hasta que quede doradito.

2 Añade el sofrito, sazonador, salsa de tomate y cocina a temperatura mediana por 2 minutos. Añade las habichuelas, agua, calabaza, hoja de recao y sazona al gusto.

3 Tapa y cocina a temperatura mediana por 12 a 15 minutos hasta espesar.

### OREJITA

Prepara este guiso con tus habichuelas preferidas y hasta con garbanzos. Para guisar los garbanzos puedes añadir chorizos o longanizas.

# MOFONGO

*El plátano es muy rico en potasio y ayuda a equilibrar el agua del cuerpo al contrarrestar el sodio.*

**PREPARACION Y COCCION**

 **10 MIN**  **20 MIN**

**2 PORCIONES**

## INGREDIENTES

**1 plátano verde frito en rueditas**
**¼ cdita. ajo triturado**
**1 lasca tocineta frita y triturada o un trocito de chicharrón picadito**
**¼ cdita. sal**

1 En el pilón echa el plátano y májalo con la ayuda de la maseta del pilón. Echa el resto de los ingredientes alternando el ajo, tocineta y plátano. Sazona al gusto.

2 Sirve con tu carne preferida.

**OREJITA**

Puedes rellenar con guisos o ensaladas de mariscos, pollo, tiritas de carnes salteadas o carne de cerdo frita.

# PAPAS MAJADAS

***La leche es beneficiosa por ser un alimento alcalino que neutraliza la acidez causada por la gastritis.***

**PREPARACION Y COCCION**

**20 MIN**

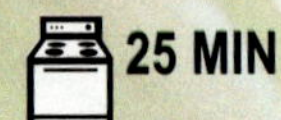
**25 MIN**

**8 PORCIONES**

## INGREDIENTES

**3 lbs. papas hervidas y troceadas**
**6 cdas. mantequilla**
**¾ taza leche**
**3 huevos hervidos y majados (opcional)**
**Sal al gusto**

1 En una cacerola grande echa 3 litros de agua y 3 cucharaditas de sal y calienta hasta hervir. Echa las papas y cocina por 20 minutos. Escurre y deja refrescar.

2 En una cacerola pequeña calienta la leche con la mantequilla. Maja las papas y echa en un envase grande.

3 En una cacerola pequeña echa la leche y la mantequilla y calienta hasta hervir. Echa la leche con las papas y mezcla. Añade los huevos y sal al gusto.

4 Sirve tibia o fría.

**OREJITA**

Recuerda mantener en el refrigerador hasta el momento de servir.

# PLATANITOS MADUROS EN ALMIBAR

*La canela actúa mejorando los síntomas del reumatismo y de algunas infecciones.*

**PREPARACION Y COCCION**

 **15 MIN** 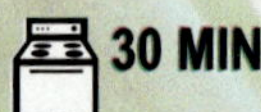 **30 MIN**

**8 PORCIONES**

## INGREDIENTES

**4 plátanos maduros cortados en rueditas**
**½ taza mantequilla derretida**

**ALMÍBAR:**

**1 ½ taza agua**
**1 ½ taza azúcar**
**4 rajas de canela**

1. Echa la mantequilla en una sartén, calienta, echa los platanitos rebanados y cocina por varios minutos hasta que queden doraditos por ambos lados.

2. En una cacerola mediana echa el azúcar, agua, canela y calienta hasta hervir.

3. Añade los platanitos fritos y cocina destapado a temperatura mediana por 20 minutos. Recuerda mover ocasionalmente.

4. Deja enfriar y sirve.

**OREJITA**

Puedes utilizar platatinos que vienen congelados. Solo prepara el almibar y mezcla con los platanitos.

# RELLENO DE CARNE Y FRUTAS

*Las uvas pasas son fuente excelente de potasio, calcio, hierro y de provitamina A.*

**PREPARACION Y COCCION**

 **15 MIN**  **20 MIN**

**6 PORCIONES**

## INGREDIENTES

1 lb. carne de res molida
¼ taza aceite de oliva
¼ lb. tocineta picadita o jamón
1 taza cebolla picadita
1 cdita. ajo triturado
½ taza c/u pasas rubias, nueces, dátiles, higos y almendras rebanadas
1 taza salsa de manzanas
sal y pimienta al gusto

1 En una cacerola echa el aceite de oliva, calienta, echa la tocineta y cocina hasta que quede doradita. Echa la cebolla, ajo y cocina por 2 a 3 minutos.

2 Añade la carne y cocina a temperatura mediana por 15 minutos hasta que quede doradita. Añade el resto de los ingredientes y sazona al gusto.

3 Deja enfriar y utiliza para rellenar aves.

### OREJITA

Puedes utilizar carne de ternera, cerdo o pollo molido.

# RELLENO DE YUCA

***La yuca es muy buena fuente de vitaminas del grupo B (B2, B6), vitamina C, magnesio, potasio, calcio y hierro.***

**PREPARACION Y COCCION**

 **20 MIN**  **30 MIN**

**10 PORCIONES**

## INGREDIENTES

**2 lbs. yuca hervida y troceadita**
**2 manzanas troceaditas**
**1 taza cebolla picadita**
**1 masito de cebollines picaditos**
**½ cdita. orégano**
**½ taza cilantrillo fresco picadito**
**½ taza perejil fresco picadito**
**2 tazas pan tostado troceadito**
**6 lascas tocineta frita y picadita**

1 En una cacerola mediana echa dos litros de agua y dos cucharitas de sal. Calienta hasta hervir. Echa las yucas y cocina por 20 minutos. Escurre, deja enfriar y corta en trocitos.

2 En un envase grande mezcla la yuca con el resto de los ingredientes y utiliza para rellenar pavo, pollo o gallinitas codornices.

**OREJITA**

Utiliza 2 tazas crotones o pan tostado para añadir al relleno.

# TOSTONES

***Los tostones tienen su origen en el Caribe, Centro y Suramérica, llamándolos por diferente nombre de país a país.***

**PREPARACION Y COCCION**

 **10 MIN**  **20 MIN**

**12 PORCIONES**

## INGREDIENTES

**2 plátanos verdes**
**sal al gusto**

**aceite para freir**

1 Corta las puntas de los plátanos, corta la cáscara a lo largo, abre y retira la corteza. Corta el plátano en rueditas. Remoja en agua con sal.

2 En una sartén grande calienta 4 tazas de aceite de oliva para freír. Escurre los plátanos, echa en la sartén y fríe hasta que queden doraditos. Con la ayuda de una tostonera prensa cada ruedita de plátano. Repite el procedimiento con cada ruedita de plátano. Echa nuevamente en el aceite y fríe hasta que queden doraditos. Sirve inmediatamente.

### OREJITA

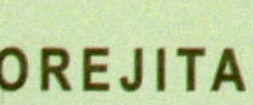

Puedes utilizar pana o guineos verdes.

# YAUTIA EN SALSA DE PESTO

***La yautía es originaria de América Tropical, desde el norte de América del Sur hasta México.***

**PREPARACION Y COCCION**

 **15 MIN** 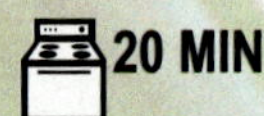 **20 MIN**

**12 PORCIONES**

## INGREDIENTES

**6 tazas de yautía hervida y troceadita**
**½ taza aceite de oliva puro**
**½ taza vinagre**
**SALSA PESTO DE CILANTRILLO:**
**½ taza aceite de oliva**
**1 taza cilantrillo fresco bien picadito**
**¼ taza queso parmesano rallado**
**1 cdita. ajo triturado**
**2 cdas. nueces picaditas**

1 En una cacerola mediana echa dos litros de agua y dos cucharitas de sal. Calienta hasta hervir. Echa las yautías y cocina por 20 minutos. Escurre, deja enfriar y corta en trocitos.

2 En el procesador de alimentos mezcla todos los ingredientes de la salsa pesto hasta que quede pastosa. Deja aparte.

3 En una ensaladera grande echa la yautía hervida con la salsa pesto, sazona al gusto y deja en el refrigerador hasta el momento de servir.

**OREJITA**

Puedes servir caliente o tibio. También puedes sustituir la yautía por yuca o ñame.

# Arroces

# ARROZ CON ALMENDRAS

*Siendo su origen asiático, los romanos nombraron las almendras como nueces griegas.*

**PREPARACION Y COCCION**

 15 MIN  30 MIN

4 PORCIONES

## INGREDIENTES

¼ taza aceite de oliva
2 cdas. mantequilla
6 lascas tocineta troceadita (opcional)
1 taza cebolla picadita
1 cdita. ajo
1 cdita. curry
¼ cdita. turmeric
2 tazas caldo de pollo
2 tazas arroz grano largo
½ taza fideos
sal al gusto
½ taza almendras rebanadas y tostadas

1 En una cacerola mediana echa el aceite de oliva, calienta, echa la tocineta y cocina hasta que quede doradita.

2 Añade la cebolla, ajo, especias y cocina por 2 minutos. Añade el caldo, arroz, fideos y sazona al gusto.

3 Tapa y cocina a temperatura mediana por 20 a 25 minutos. Añade las almendras tostadas.

### OREJITA

Puedes añadir ¼ taza de pasas y sustituir la tocineta por bacon bits o tocineta de pavo.

# ARROZ CON CALABAZA

*El nombre de la planta de arroz (Oriza Sativa) pudo ser original del sur de la India.*

**PREPARACION Y COCCION**

 15MIN

 35 MIN

**4 PORCIONES**

## INGREDIENTES

¼ taza aceite de oliva
4 oz. tocineta o jamón picadito
1 taza cebolla picadita
2 cditas. ajo triturado
1 cdita. curry en polvo
¼ taza pasas
2 tazas calabaza troceada
2 tazas garbanzos cocidos
2 tazas caldo de pollo
2 tazas arroz grano largo
sal al gusto

1. En una cacerola mediana echa el aceite, calienta, echa la tocineta y cocina a temperatura mediana hasta que quede doradita.
2. Añade la cebolla, ajo y cocina por 2 a 3 minutos.
3. Añade el resto de los ingredientes, sazona al gusto. Tapa y cocina a temperatura mediana por 30 a 35 minutos.

**OREJITA**

Puedes sustituir la tocineta por bacon bits y puedes eliminar el curry y utilizar un sazonador con culantro y achiote.

# ARROZ CON CALAMARES

*La clásica especialidad hispana es cocinar el calamar en su tinta, fresco y bien sazonado.*

## PREPARACION Y COCCION

 15 MIN  35 MIN

4 PORCIONES

## INGREDIENTES

¼ taza aceite de oliva
¼ taza jamón de cocinar picadito
1 taza cebolla picadita
½ taza pimiento verde picadito
½ taza pimiento rojo picadito
2 cditas. ajo triturado
2 sobres tinta de calamares
½ lb. tubos de calamares rebanados
2 tazas caldo de pescado
½ taza vino blanco
2 tazas arroz grano largo
sal al gusto

1 En una cacerola echa el aceite de oliva, calienta, echa el jamón y cocina a temperatura mediana hasta que quede doradito. Añade la cebolla, pimientos, ajo y cocina a temperatura mediana por 2 a 3 minutos.

2 Añade el resto de los ingredientes, sazona al gusto. Tapa y cocina a temperatura mediana por 25 a 30 minutos.

### OREJITA

Puedes añadir 1 sobre de sazonador con culantro y achiote.

# ARROZ CON CEBOLLA Y SETAS

*La cebolla se come cruda, cocida, como vegetal, como ingrediente o como sazonador.*

**PREPARACION Y COCCION**

15 MIN

30 MIN

**4 PORCIONES**

## INGREDIENTES

- ¼ taza mantequilla
- 2 cdas. aceite de oliva
- 6 lascas tocineta picadita
- 1 taza cebolla picadita
- 8 oz. setas frescas rebanadas
- 1 cdita. ajo triturado
- 1 cda. salsa inglesa
- 1 cdita. salsa negra (browning sauce)
- 2 tazas caldo de pollo o res
- 2 tazas arroz grano largo
- ¼ taza queso parmesano rallado

1 En una cacerola mediana echa la mantequilla, aceite de oliva, tocineta y cocina a temperatura mediana hasta que la tocineta quede doradita.

2 Echa la cebolla, ajo y cocina a temperatura mediana por 2 a 3 minutos. Añade el resto de los ingredientes, excepto el queso parmesano, sazona al gusto. Tapa y cocina por 20 a 25 minutos.

3 Sirve y decora con queso parmesano rallado.

### OREJITA

Puedes sustituir la tocineta por bacon bits o tocineta de pavo y eliminar las setas.

# ARROZ CON ESPINACAS

*Las espinacas son altas en agua, bien digeribles, ricas en hierro y vitaminas.*

**PREPARACION Y COCCION**

 **15 MIN**

 **30 MIN**

**4 PORCIONES**

## INGREDIENTES

- **¼ taza mantequilla**
- **½ lb. tocineta picadita**
- **½ lb. espinacas frescas picaditas**
- **¼ lb. setas rebanadas**
- **1 taza cebolla picadita**
- **1 cdita. ajo triturado**
- **½ taza cilantrillo**
- **2 tazas arroz**
- **2 tazas caldo de pollo o res**
- **sal al gusto**
- **¼ taza queso parmesano rallado**

1 En una cacerola mediana echa la mantequilla, calienta, echa la tocineta y cocina hasta que quede doradita.

2 Añade las espinacas, setas, cebolla, ajo, cilantrillo y cocina por 2 a 3 minutos.

3 Echa el resto de los ingredientes, sazona al gusto. Tapa y cocina a temperatura mediana por 25 a 30 minutos.

**OREJITA**

Puedes sustituir la mantequilla por aceite de oliva y utilizar bacon bits o tocineta de pavo.

# ARROZ CON GANDULES Y COCO

*El arroz se clasifica según el tipo de proceso que recibe después de cosechado.*

**PREPARACION Y COCCION**

 **15 MIN**  **30 MIN**

**4 PORCIONES**

## INGREDIENTES

**¼ taza aceite de oliva**
**¼ lb. jamón picadito**
**¼ taza sofrito**
**1 sazonador con culantro y achiote**
**1 lata 15 oz. gandules**
**1 taza leche de coco**
**1 taza caldo de pollo**
**2 tazas arroz grano largo**
**sal al gusto**

1 En una cacerola echa el aceite de oliva, calienta a temperatura mediana, echa el jamón y cocina hasta que quede doradito.

2 Añade el sofrito, sazonador con culantro y achiote, gandules y cocina por 2 a 3 minutos.

3 Añade el resto de los ingredientes, sazona al gusto. Tapa y cocina a temperatura mediana por 20 a 25 minutos.

### OREJITA

Puedes utilizar gandules frescos, recuerda cocinar y luego lo añades a la receta. Puedes sustituir la leche de coco por la misma cantidad de caldo de pollo.

# ARROZ CON LONGANIZAS

*Se cree que fueron los habitantes de la Italia Meridional, los inventores de la longaniza, allá para el año 298 antes de la era cristiana.*

**PREPARACION Y COCCION**

 **15 MIN** 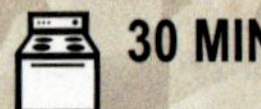 **30 MIN**

## INGREDIENTES

**¼ taza aceite de oliva**
**1 taza cebolla picadita**
**½ taza pimiento verde picadito**
**1 cdita. ajo triturado**
**1 pqt. 12 oz. longanizas de pollo CONGUSTO®**
**½ taza cilantrillo picadito**
**2 tazas caldo de pollo**
**2 tazas arroz grano largo**
**sal al gusto**

1 En una sartén mediana echa las longanizas y cocina por 5 a 6 minutos hasta que queden doraditas. Rebana las longanizas y deja aparte.

2 En una cacerola echa el aceite de oliva, calienta y echa la cebolla, pimiento, ajo y cocina a temperatura mediana por 2 a 3 minutos.

3 Añade las longanizas y el resto de los ingredientes. Sazona al gusto. Tapa y cocina a temperatura mediana por 20 a 25 minutos.

### OREJITA

Puedes variar la receta añadiendo 2 tazas habichuelas blancas o rojas cocidas.

Arroz con Longaniza
ConGusto
Porque tú sí sabes
Mas carne, Menos grasa y Muchísimo sabor.
Tel. (787) 752-8181 • www.elserranito.com

# ARROZ CON PICADILLO

*El arroz es cultivado en China por más de 3,000 años.*

**PREPARACION Y COCCION**

 15 MIN  30 MIN

4 PORCIONES

## INGREDIENTES

¼ taza aceite de oliva
1 taza cebolla picadita
½ taza pimiento verde picadito
½ taza pimiento rojo picadito
1 cdita. ajo triturado
1 lb. carne de res molida, cocida
1 cdita. salsa inglesa
2 tazas arroz grano largo
2 tazas caldo de pollo
1 taza maíz tierno
1 taza guisantes

1. En un cacerola mediana echa el aceite de oliva, calienta, echa la cebolla, ajo, carne y cocina a temperatura mediana hasta que quede doradita.

2. Añade la salsa inglesa, arroz, caldo, sazona al gusto. Tapa y cocina a temperatura mediana por 20 minutos.

3. Añade el resto de los ingredientes. Tapa y cocina por 10 minutos.

**OREJITA**

Puedes sustituir la carne de res por ternera, pavo o cerdo molida.

# ARROZ CON PIÑA Y CAMARONES

***El arroz llega a América a finales del siglo XVII.***

**PREPARACION Y COCCION**

**15 MIN**

**35 MIN**

**4 PORCIONES**

## INGREDIENTES

- ¼ taza aceite de oliva
- 1 lb. camarones medianos, limpios y adobados
- 1 taza cebolla picadita
- 1 taza pimiento verde picadito
- 2 cditas. ajo triturado
- 1 cdita. curry en polvo
- 2 tazas piña troceada
- 2 tazas caldo de pescado o pollo
- 1 taza jugo de piña
- 3 tazas arroz grano largo
- sal gusto

1. En una sartén mediana echa el aceite de oliva, calienta, echa los camarones en porciones pequeñas y saltea. Repite el procedimiento hasta terminar, retira y deja aparte.

2. En una cacerola mediana echa un chorrito de aceite de oliva, calienta, echa la cebolla, pimiento, ajo y cocina a temperatura mediana por 2 a 3 minutos.

3. Añade el resto de los ingredientes, sazona al gusto. Tapa y cocina por 20 minutos. Añade los camarones y cocina por 10 a 12 minutos.

### OREJITA

Puedes añadir ½ taza walnuts para decorar.

# ARROZ CON POLLO

*El arte de cocinar arroz es asegurar algo de firmeza sin dureza.*

**PREPARACION Y COCCION**

 20 MIN  45 MIN

**6 PORCIONES**

## INGREDIENTES

3 lbs. pollo troceado y adobado:
3 cditas. sal, 3 cditas. ajo, 1 cdita. orégano, 1/8 cdita. pimienta
¼ taza aceite de oliva
½ taza jamón de cocinar picadito
½ taza sofrito
¼ taza aceitunas rellenas picaditas
2 sazonadores con culantro y achiote
4 tazas agua
4 tazas arroz grano largo o mediano
3 cditas. sal
1 hoja de laurel

1 Adoba el pollo con anticipación y deja en el refrigerador hasta el momento de cocinar.

2 En una cacerola mediana echa el aceite de oliva, calienta a temperatura mediana, echa el jamón y cocina hasta que quede doradito.

3 Añade el sofrito, aceitunas, sazonador y cocina a temperatura mediana por 2 minutos. Echa 1 taza de agua, pollo y cocina por 10 a 15 minutos.

4 Añade el resto del agua, arroz, sal, hoja de laurel. Tapa y cocina a temperatura media baja por 20 a 25 minutos. Mueve el arroz, tapa y cocina a temperatura baja por 15 minutos.

### OREJITA

El jamón de cocinar lo puedes sustituir por jamón de pavo.

# ARROZ CONFETTI

*El arroz siempre se come cocido, caliente o frío, como plato dulce y sabroso.*

**PREPARACION Y COCCION**

 **15 MIN**

 **30 MIN**

**4 PORCIONES**

## INGREDIENTES

**¼ taza aceite de oliva**
**1 taza cebolla picadita**
**1 cdita. ajo triturado**
**1 taza jamón de cocinar picadito**
**1 cdita. salsa inglesa**
**2 tazas arroz grano largo**
**2 tazas caldo de pollo**
**1 taza maíz tierno**
**1 taza guisantes**
**½ taza pimiento verde picadito**
**½ taza pimiento rojo picadito**
**sal a gusto**

1 En una cacerola mediana echa el aceite de oliva, calienta a temperatura mediana, echa el jamón y cocina hasta que quede doradito.

2 Añade la cebolla, ajo, salsa inglesa y cocina por 2 minutos.

3 Añade el arroz, caldo, sazona al gusto. Tapa y cocina a temperatura mediana por 20 minutos.

4 Añade el resto de los ingredientes. Tapa y cocina por 10 minutos.

### OREJITA

Puedes eliminar el jamón o utilizar jamón de pavo.

# ARROZ FRITO

*El arroz contiene un rico 77% de almidones digeribles.*

PREPARACION Y COCCION

 15 MIN 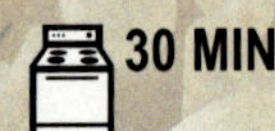 30 MIN

6 PORCIONES

## INGREDIENTES

**3 tazas arroz grano largo**
**4 tazas agua**
**3 cditas. sal**
**2 cdas. aceite de maíz o maní**
**1 taza jamón ahumado picadito**
**2 huevos**
**1 ½ taza guisantes**
**2 tazas camaroncitos hervidos**
**1 taza cebollines picaditos**
**½ taza salsa soya**

1 En una cacerola mediana echa el agua, arroz y cocina a temperatura mediana por 30 minutos. Deja refrescar.

2 En un envase pequeño bate los huevos con una pizca de sal. Echa en una sartén con teflón y cocina hasta que se forme una tortillita. Corta en cuadritos. Deja aparte.

3 En una sartén grande o "wok" echa un chorrito de aceite de maní o maíz, calienta, echa el jamón y cocina a temperatura mediana hasta que quede doradito.

4 Echa el arroz y la salsa soya moviendo constantemente. Añade la tortillita picadita y el resto de los ingredientes. Saltea a temperatura mediana por varios minutos y sirve caliente.

### OREJITA

Puedes eliminar los camaroncitos y utilizar trocitos de filete de pechuga de pollo.

# ARROZ GRIEGO

*Los vegetales ayudan a mantener un sistema digestivo saludable.*

**PREPARACION Y COCCION**

 **15 MIN**  **40 MIN**

**8 PORCIONES**

## INGREDIENTES

**¼ taza aceite de oliva o mantequilla**
**8 oz. tocineta picadita**
**1 ½ taza cebolla blanca picadita**
**1 taza pimiento verde picadito**
**picadito**
**1 cda. ajo triturado**
**2 tazas repollo verde picadito**
**2 tazas berenjenas picaditas**
**2 cditas. canela en polvo**
**4 tazas caldo de pollo**
**4 tazas arroz grano largo**
**sal al gusto**
**½ taza aceitunas negras rebanadas**
**½ taza pasas**
**1 taza almendras tostadas**
**1 taza alcachofas cocidas y troceadas**

1 En una cacerola mediana echa el aceite de oliva o mantequilla, calienta, echa la tocineta y cocina a temperatura mediana hasta que queden doraditas.

2 Añade la cebolla, pimiento, ajo, repollo, berenjena y cocina a temperatura mediana por 5 minutos. Añade la canela, caldo, arroz y sazona al gusto.

3 Tapa y cocina por 20 minutos. Añade el resto de los ingredientes. Mueve, tapa y cocina por 15 minutos.

4 Sirve con queso parmesano rallado.

**OREJITA**

Puedes sustituir la tocineta por bacon bits o tocineta de pavo.

# ARROZ MAMPOSTEAO

***Las habichuelas hacen aportes de proteínas vegetales a la dieta diaria.***

**PREPARACION Y COCCION**

 **10 MIN**

 **8 MIN**

**4 • 6 PORCIONES**

## INGREDIENTES

**¼ taza aceite de oliva**
**½ taza pimiento verde picadito**
**1 cdita. ajo triturado**
**¼ taza cilantrillo fresco picadito**
**1 ½ taza habichuelas guisadas**
**3 tazas arroz hervido**

1 En una sartén grande calienta el aceite de oliva, echa el pimiento, ajo, cilantrillo y cocina a temperatura mediana por 2 a 3 minutos.

2 Añade las habichuelas, arroz y saltea a temperatura mediana por 6 a 8 minutos hasta que quede doradito.

### OREJITA

Puedes añadir tocineta frita o jamón de cocinar picadito. Saltea en el aceite de oliva y luego añade el resto de los ingredientes siguiendo la receta.

# ARROZ PILAF

*La palabra tocineta (bacon) en francés, bakko, significa jamón.*

**PREPARACION Y COCCION**

 **10 MIN**  **25 MIN**

**4 PORCIONES**

## INGREDIENTES

**6 lascas tocineta picadita**
**1 taza cebolla picadita**
**2 tazas arroz grano largo**
**2 tazas caldo de pollo**
**2 tazas guisantes y zanahorias**
**½ taza almendras rebanadas**
**sal al gusto**
**queso parmesano rallado**

1 En una cacerola mediana echa la tocineta y cocina a temperatura mediana hasta que queden doraditas.

2 Añade la cebolla y cocina a temperatura mediana por 2 a 3 minutos. Echa el resto de los ingredientes, sazona al gusto. Tapa y cocina a temperatura mediana por 20 a 25 minutos.

3 Sirve con queso parmesano rallado.

### OREJITA

Puedes sustituir la tocinetas por bacon bits. Para variar el sabor puede utilizar queso gruyere.

# JAMBALAYA AL ESTILO CRIOLLO

*Inspirados en la paella española, Nueva Orleans crea esta especialidad llamada Jambalaya.*

**PREPARACION Y COCCION**

 15 MIN  40 MIN

6 PORCIONES

## INGREDIENTES

- ½ lb. camarones limpios y adobados
- ¼ taza aceite de oliva
- 1 taza jamón ahumado troceadito
- 4 oz. salchichas picantes o longanizas de pollo cocidas y troceaditas
- ½ lb. filete de pechuga de pollo adobada y troceadita
- 1 taza cebolla picadita
- 1 taza pimiento verde picadito
- 2 tazas tomates picaditos
- 2 cditas. ajo triturado
- 1 cdita. tomillo
- 2 tazas caldo de pollo
- 1 taza jugo de ostras
- 3 tazas arroz UNCLE BEN'S®
- 1 sazonador con culantro y achiote

1 En una sartén echa los camarones y saltea a temperatura mediana por varios minutos. Deja aparte.

2 En una cacerola grande echa el aceite de oliva, calienta, echa el jamón, las salchichas, pollo y cocina a temperatura mediana por 3 a 5 minutos.

3 Añade los vegetales y cocina a temperatura mediana por 5 a 8 minutos.

4 Añade el arroz **UNCLE BEN'S®** y el resto de los ingredientes, sazona al gusto. Tapa y cocina a temperatura mediana por 20 minutos.

5 Añade los camarones, tapa y cocina a temperatura mediana por 10 minutos.

### OREJITA

Puedes utilizar caldo de pescado y utilizar azafranes para sustituir el sazonador de culantro y achiote.

# PAELLA SABROSA

*La paella original contenía caracoles, conejo y judías.*

**PREPARACION Y COCCION**

 1 HR  45 MIN

12 PORCIONES

## INGREDIENTES

¼ taza aceite de oliva
2 tazas cebolla picadita
2 tazas pimiento verde picadito
2 tazas tomates picaditos
1 cda. ajo triturado
4 sobres de azafrán
6 tazas caldo de pescado
2 tazas vino blanco
6 tazas arroz grano largo
2 lbs. camarones limpios y sazonados
2 lbs. rabitos de langostas limpios y sazonados
24 mejillones limpios
12 almejas limpias
sal al gusto
¼ taza vino jerez
¼ taza de licor de anís

1. En una paellera grande echa el aceite de oliva, calienta, echa la cebolla, pimientos, tomates, ajo y cocina a temperatura mediana por 3 a 5 minutos.
2. Añade el azafrán, caldo de pescado, vino, arroz, sazona al gusto. Tapa y cocina a temperatura mediana por 20 minutos.
3. Añade los mariscos, vino jerez y licor de anís, tapa y cocina a temperatura media baja por 20 minutos.
4. Decora con los guisantes, espárragos, pimiento morrón y alcachofas.

### OREJITA

Utiliza guisantes, espárragos frescos, pimiento morrón en tiritas y alcachofas para decorar.

# PAELLITA DE CARNES

***Este rústico plato se origina en Valencia y sus dos ingredientes principales son arroz y aceite de oliva.***

**PREPARACION Y COCCION**

 **20 MIN**  **40 MIN**

**8 PORCIONES**

## INGREDIENTES

**¼ taza aceite de oliva**
**1 taza cebolla picadita**
**1 taza tomate picadito**
**½ taza pimiento verde picadito**
**1 cda. ajo picadito**
**4 chorizos rebanados**
**2 salchichas ahumadas**
**¼ lb. jamón ahumado troceadito**
**2 lbs. filete de ternera o filete de pechuga de pollo troceada y adobada**
**8 oz. setas frescas rebanadas**
**3 tazas caldo de pollo**
**2 sobres azafrán**
**3 tazas arroz grano largo**
**sal al gusto**
**pimiento morrón cortado en tiritas**
**guisantes**

1 En una paellera grande echa el aceite de oliva, calienta, echa la cebolla, tomate, pimiento, ajo y cocina a temperatura mediana por 2 a 3 minutos.

2 Echa las carnes y cocina a temperatura mediana moviendo constantemente por varios minutos.

3 Añade el resto de los ingredientes, sazona al gusto. Tapa y cocina a temperatura mediana por 25 a 30 minutos.

4 Sirve y decora con pimiento morrón y guisantes.

**OREJITA**

Puedes utilizar masitas de cerdo y embutidos preferidos.

# RISOTTO CON JAMON

*Plato de la cocina italiana, literalmente llamado pequeño arroz.*

**PREPARACION Y COCCION**

 25 MIN  40 MIN

**4 PORCIONES**

## INGREDIENTES

- 2 cdas. mantequilla
- 2 cdas. aceite de oliva
- 1 taza cebolla picadita
- 1 cdita. ajo triturado
- 1 ½ taza risotto
- 2 tazas caldo de jamón ahumado picadito
- 1 taza crema ligera
- 1 taza vino blanco
- 2 tazas jamón ahumado picadito
- 1 taza queso parmesano rallado
- ½ taza perejil fresco picadito
- sal

1. En una cacerola echa la mantequilla, aceite de oliva, calienta. Echa el jamón y cocina hasta que quede doradito.

2. Añade la cebolla, ajo y cocina a temperatura mediana por 2 a 3 minutos. Añade el risotto, la mitad del caldo, la crema, vino blanco y cocina a temperatura mediana por 15 minutos.

3. Añade el resto del caldo, el queso parmesano y cocina por 15 minutos. Decora con el perejil fresco picadito.

### OREJITA

Puedes sustituir el jamón de cerdo por jamón de pavo.

# Bebidas

# BATIDA DE FRUTAS FRESCAS

***El mangó es una rica fuente de hierro, vitamina A, y contiene algunas vitaminas B y C.***

**PREPARACION**

 **10 MIN** 

**4 PORCIONES**

**INGREDIENTES**

**½ taza mangó maduro picadito**
**1 taza piña madura picadita**
**½ taza guineo maduro picadito**
**1 taza mantecado de fresas**
**¼ taza azúcar**
**½ taza leche ZYMIL®**
**hielo picadito**

1 En la licuadora eléctrica, mezcla la leche **ZYMIL®** con el resto de los ingredientes hasta que quede cremoso.

2 Sirve inmediatamente.

# BATIDA DE GUINEO

***Con su alto contenido de energía, el guineo es el alimento ideal para el crecimiento en los niños.***

**PREPARACION**

 **15 MIN** 

**4 PORCIONES**

**INGREDIENTES**

**1 guineo maduro troceadito**
**1 taza mantecado de vainilla**
**½ taza leche ZYMIL®**
**½ taza leche**
**2 cdas. azúcar negra**
**½ cdita. canela en polvo**
**1 cdita. extracto de vainilla**
**4 tazas hielo picadito**

1 En la licuadora eléctrica, mezcla la leche **ZYMIL®** con el resto de los ingredientes hasta que quede cremoso.

2 Sirve inmediatamente.

# BATIDA DE MANGO

***El mangó es original de Malasia llegando a América en el Siglo XVIII.***

## PREPARACION

 10 MIN 

2 PORCIONES

## INGREDIENTES

1 taza mangó maduro troceado
1 taza jugo de mangó
½ taza yogur
¼ taza azúcar o endulzador artificial
1 cdita. extracto de vainilla
hielo picadito

1 En la licuadora eléctrica echa todos los ingredientes y añade hielo picadito. Mezcla hasta que quede cremoso.

2 Sirve inmediatamente.

# BATIDA DE FRESAS

***Las fresas son bajas en azúcar y buena fuente de vitamina A, potasio y minerales.***

## PREPARACION

 10 MIN 

2 PORCIONES

## INGREDIENTES

1 taza mantecado de vainilla
1 taza fresas frescas o congeladas
¼ taza azúcar
½ taza jugo de fresas
hielo picadito

1 En la licuadora eléctrica mezcla todos los ingredientes hasta que quede cremoso.

2 Sirve inmediatamente.

# BELLINI

***Un monje benedictino llamado Dom Pierre Perignon perfeccionó el sellado del famoso champagne.***

## PREPARACION

 5 MIN 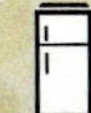

1 PORCION

## INGREDIENTES

4 oz. champaña
1 oz. licor de melocotón
1 fresa

1 En una copa de champaña echa la champaña, licor, fresa y sirve inmediatamente.

# BUL PARA NIÑOS

*El jugo de uva tiene gran valor vigorizante y purificativo.*

## PREPARACION

 15 MIN 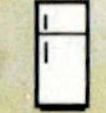

16 PORCIONES

## INGREDIENTES

4 tazas jugo de uva blanca o uva morada
1 lata jugo de piña y china concentrado
2 tazas cerveza de jengibre
2 tazas refresco de limón
4 tazas cocktail de frutas
hielo picadito

1 En una bulera echa todos los ingredientes, añade el hielo y sirve inmediatamente.

# BUL ROSADO

*La vainilla, oriunda de México, crece escalando y en vainas largas, por eso su nombre vainilla.*

## PREPARACION

 10 MIN 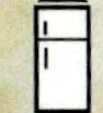

20 PORCIONES

## INGREDIENTES

3 tazas jugo de piña
3 tazas jugo de guayaba
6 cervezas ligeras
4 tazas mantecado de vainilla
4 tazas fresas congeladas
¼ taza sirope de granadina
hielo picadito

1 En una bulera echa el hielo, todos los ingredientes y mezcla.

2 Sirve inmediatamente.

# CAIPIRINHA

*Es un trago típico del Brazil utilizando su agua ardiente conocida como Cachaça.*

PREPARACION

 5 MIN 

1 PORCION

INGREDIENTES

1 limón cortado en lunitas
2 cdas. azúcar
4 oz. Cachaça
hielo picadito

1 En un vaso "old fashion" echa los limones cortaditos, echa el azúcar, hielo picadito, Cachaça, mezcla y sirve.

# COQUITO

***El coco es rico en grasa con un alto valor calorífico y contiene potasio, fósforo y carbohidratos.***

## PREPARACION

 **15 MIN** 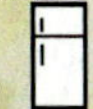

**20 PORCIONES**

## INGREDIENTES

**5 yemas de huevos**
**3 cdas. azúcar granulada**
**1 cda. extracto de vainilla**
**1 lata crema de coco**
**2 tazas ron blanco**
**3 latas leche evaporada**
**½ taza leche fresca**

1 En la licuadora eléctrica, mezcla las yemas de huevo con el azúcar, extracto de vainilla y crema de coco hasta que quede cremoso.

2 Echa en un envase grande y añade el resto de los ingredientes. Mezcla hasta unir.

3 Embotella y deja en el refrigerador hasta el momento de servir.

# EGGNOG

*Esta bebida puede tomarse fría o caliente.*

**PREPARACION**

 **15 MIN** 

**20 PORCIONES**

## INGREDIENTES

**12 yemas de huevo**
**1 taza azúcar**
**4 tazas leche**
**2 tazas crema espesa**
**1 botella cognac**

1. Bate las yemas con el azúcar hasta que queden cremosas. Añade la leche y la crema espesa poco a poco y luego añade la botella de Cognac.

2. Embotella y deja en el refrigerador hasta el momento de servir.

# MARTINI

***La ginebra es puro alcohol destilado de granos con infusiones de plantas aromáticas.***

**PREPARACION**

 **5 MIN** 

**1 PORCION**

## INGREDIENTES

**1 ½ oz. ginebra**
**¾ oz. vermouth seco**
**hielo picadito**

1 En una coctelera echa la ginebra, vermouth, hielo y mezcla. Echa la mezcla en una copa, sin el hielo. Echa una aceituna en la copa y sirve inmediatamente.

# MOJITO

*El aroma de la menta estimula el apetito.*

## PREPARACION

 5 MIN 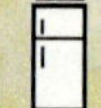

1 PORCION

## INGREDIENTES

hojas de menta picadita
½ cda. azúcar
4 oz. refresco de limón
1 ½ oz. ron blanco
hielo picadito

1 En un vaso "highball" echa todos los ingredientes, mezcla y sirve bien frío.

# PIÑA COLADA

***La piña, además de combatir la depresión, es un laxante suave, es diurética y mejora la capacidad digestiva.***

## PREPARACION

 **5 MIN** 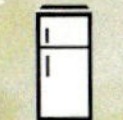

**2 PORCIONES**

## INGREDIENTES

**1 taza jugo de piña**
**½ taza crema de coco**
**4 oz. ron**
**2 tazas hielo picadito**

**Para decorar:**
**1 trocito de piña**
**1 cereza**

1 En la licuadora eléctrica mezcla todos los ingredientes hasta que quede cremoso.

2 Sirve inmediatamente y decora con un trocito de piña y una cereza.

# PUNCH DE LIMON

*El limón regenera los glóbulos blancos y refuerza las defensas del organismo.*

## PREPARACION

15 MIN

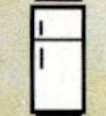

12 PORCIONES

## INGREDIENTES

1 botella de vino blanco espumoso
1 pt. jugo concentrado de limón
4 tazas agua de soda
hielo picadito
rebanadas de limón

1. En una bulera echa todos los ingredientes con el hielo picadito.
2. Sirve inmediatamente.

# SANGRIA DE PARCHA

*La parcha, también conocida por granadina, es baja en calorías y muy rica en vitaminas A y C.*

## PREPARACION

 15 MIN 

12 PORCIONES

## INGREDIENTES

1 botella de vino blanco
3 tazas jugo de parcha
2 latas refresco de limón
½ taza azúcar
hielo picadito

1 Echa todos los ingredientes en una jarra, mezcla y sirve bien fría.

# SANGRIA DORADA

*La uva es muy rica en potasio, hierro y vitaminas.*

**PREPARACION**

 **15 MIN** 

**12 PORCIONES**

## INGREDIENTES

**1 bot. jugo de uva blanca "Sparkling"**
**2 tazas jugo de china**
**2 tazas refresco de limón**
**2 tazas vino blanco**
**½ taza vodka**
**gotitas sirope de granadina**
**hielo picadito**

1 En una jarra echa hielo con el resto de los ingredientes y mezcla.

2 Sirve inmediatamente.

# Bizcochos

# BIZCOCHITOS DE CHINA

*La china o naranja contiene aproximadamente un 90 porciento de agua y cinco porciento de azúcares.*

**PREPARACION Y COCCION**

 **15 MIN**  **18 MIN**

18 PORCIONES

## INGREDIENTES

**1 caja mezcla bizcocho amarillo**
**3 huevos**
**1/3 taza mantequilla o aceite**
**1 taza jugo de china TROPICANA®**
**1 cdita. ralladura de china**

**Para decorar:**
**1 taza coco rallado**

1 Calienta el horno a 350°F. Engrasa 18 moldecitos o coloca papelillos en los moldecitos (cupcakes).

2 En la batidora eléctrica, mezcla el jugo de china **TROPICANA®** con el resto de los ingredientes del bizcocho hasta que quede cremoso. Echa la mezcla en los moldes y decora con el coco rallado.

3 Hornea por 15 a 18 minutos.

OREJITA

Puedes añadir nueces picaditas y pasas.

100% LLENO DE SABOR
E
F
Tropicana
PURE PREMIUM

Tropicana
PURE PREMIUM
ORIGINAL
NO PULP
Tropicana
PURE PREMIUM

El delicioso jugo Pure Premium de Tropicana te brinda algo más que un fresco sabor. Porque está hecho con nuestra mejor energía para que empieces tu día con entusiasmo. Llénate de vida con un 100% de sabor. Disfruta de un día Tropicana.
DISFRUTA DE UN DIA TROPICANA

# BIZCOCHITOS DE GUINEO

*El guineo contiene pectinas que suavizan la cáscara y lo hace refrescante.*

**PREPARACION Y COCCION**

15 MIN

18 MIN

18 PORCIONES

## INGREDIENTES

**1 caja mezcla bizcocho amarillo**
**3 huevos**
**1/3 taza aceite de maíz o mantequilla derretida**
**½ taza guineo maduro majado**
**½ taza leche**
**1 cdita. canela en polvo**
**1 taza walnuts picaditas**

1 Calienta el horno a 350°F. Engrasa 18 moldecitos o coloca papelillos en los moldecitos (cupcakes).

2 En la batidora eléctrica, mezcla todos los ingredientes hasta que quede cremoso. Echa la mezcla en los moldecitos. Decora cada bizcochito con nueces.

3 Hornea por 18 minutos.

### OREJITA

Para variar puedes añadir ½ taza pasas o gotitas de chocolate semi dulce.

# BIZCOCHITOS DE LIMON

*El limón es más jugoso y menos agrio cuando esta maduro.*

## PREPARACION Y COCCION

15 MIN

18 MIN

18 PORCIONES

## INGREDIENTES

**1 caja mezcla bizcocho amarillo**
**3 huevos**
**1/3 taza mantequilla o aceite**
**¼ taza jugo de limón**
**1 cdita. ralladura de limón**
**¼ taza ron o sabor**

PARA DECORAR:

**1 taza coco rallado**

1 Calienta el horno a 350°F. Engrasa 18 moldecitos o coloca papelillos en los moldecitos (cupcakes).

2 En la batidora eléctrica, mezcla todos los ingredientes hasta que quede cremoso. Echa la mezcla en los moldecitos. Decora cada bizcochito con coco rallado.

3 Hornea por 18 minutos.

### OREJITA

Puedes hornear en un molde cuadrado y hornea por 40 minutos.

# BIZCOCHITOS DE PISTACHOS

*Los pistachos son altos en calorías y así ricos en grasa y carbohidratos.*

**PREPARACION Y COCCION**

 15 MIN  18 MIN

18 PORCIONES

## INGREDIENTES

- 1 caja mezcla bizcocho amarillo
- 1 ¼ taza agua
- 1/3 taza aceite de maíz
- 3 huevos
- 1 cdita. extracto de vainilla o almendras
- 1 caja pudín de pistacho
- 2 tazas pistachos picaditos

1 Calienta el horno a 350°F. Engrasa 18 moldecitos o coloca papelillos en los moldecitos (cupcakes).

2 En la batidora eléctrica, mezcla los ingredientes del bizcocho con la mitad de los pistachos hasta que quede cremoso. Echa la mezcla en los moldes y decora con el restante los pistachos.

3 Hornea por 15 a 18 minutos.

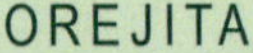
OREJITA

Recuerda que mientras más pequeños los moldecitos menos tiempo de cocción. Si utilizas un molde grande de 9" tomará 45 minutos a una hora el horneo.

# BIZCOCHITOS DE QUESO

*El queso contiene un alto contenido de energía y proteínas, siendo un poco menos digerible que la leche.*

**PREPARACION Y COCCION**

15 MIN

18 MIN

18 PORCIONES

## INGREDIENTES

**1 caja mezcla bizcocho amarillo**
**3 huevos**
**1 pqt. 8 oz. queso crema**
**1 taza leche**
**1 taza galletitas de chocolate**
**1 taza walnuts picaditas**

1 Calienta el horno a 350°F. Engrasa 18 moldecitos o coloca papelillos en los moldecitos (cupcakes).

2 En la batidora eléctrica, mezcla todos los ingredientes de los bizcochitos hasta que quede cremoso. Echa la mezcla en los moldecitos.

3 Decora cada bizcochito con nueces y hornea por 18 minutos.

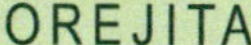

OREJITA

Hornea en molde redondo de 8" por 1 hora.

# BIZCOCHO DE FRUTAS

*El cocoa, de origen azteca, también se usaba como moneda de intercambio hasta el siglo XVII.*

**PREPARACION Y COCCION**

 **20 MIN** 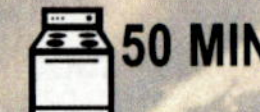 **50 MIN**

12 PORCIONES

## INGREDIENTES

**1 taza mantequilla**
**1 taza azúcar**
**6 huevos**
**½ taza cocoa en polvo**
**1 cdita. canela en polvo**
**½ cdita. clavo de especias**
**¼ taza melasa**
**2 tazas harina de trigo**
**2 cdita. baking powder**
**2 tazas frutas abrillantadas troceaditas**
**1 taza nueces picaditas**
**¼ taza ron dorado**

1 Calienta el horno a 350°F. Engrasa un molde de 9".

2 En la batidora eléctrica, mezcla la mantequilla con el azúcar hasta que quede cremoso. Añade los huevos uno a uno, cocoa, especias y mezcla por varios minutos.

3 Añade el resto de los ingredientes y mezcla hasta unir.

4 Hornea por 45 a 50 minutos. Decora a tu gusto.

### OREJITA

Puedes utilizar una caja de mezcla bizcocho amarillo siguiendo las instrucciones del empaque y solo añades los sabores, especias, nueces y frutas.

# BIZCOCHITOS DE MANGO

*El huevo es bien nutritivo y probablemente el ingrediente más versátil para cocinar.*

**PREPARACION Y COCCION**

 **15 MIN**  **18 MIN**

18 PORCIONES

## INGREDIENTES

**1 caja mezcla bizcocho amarillo**
**3 huevos**
**1/3 taza mantequilla derretida**
**1 taza mangó maduro triturado**
**½ taza leche fresca**
**1 cdita. canela en polvo**
**1 taza walnuts picaditas (opcional)**

1 Calienta el horno a 350°F. Engrasa 18 moldecitos o coloca papelillos en los moldecitos (cupcakes).

2 En la batidora eléctrica, mezcla todos los ingredientes hasta que quede cremoso. Echa la mezcla en los moldecitos.

3 Hornea por 18 minutos.

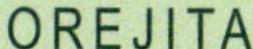

OREJITA

Puedes añadir una cucharadita de canela en polvo. También puedes añadir ½ taza nueces picaditas a la mezcla del bizcocho.

# BIZCOCHO DE PIÑA VOLTEADO

*Cuando la piña esta madura, se le arrancan las hojas con facilidad.*

**PREPARACION Y COCCION**

 **10 MIN**

 **45 MIN**

8 • 10 PORCIONES

## INGREDIENTES

**2 cdas. mantequilla derretida**
**4 cdas. azúcar negra**
**8 rebanadas de piña**
**8 cherries**
**1 caja mezcla bizcocho amarillo**
**3 huevos**
**1 taza agua o leche**
**1/3 taza aceite de maíz**
**1 cdita. extracto de vainilla**

1 En un molde redondo de 9" echa la mantequilla, luego el azúcar, las rebanadas de piña y las cherries en el centro de cada rebanada de piña.

2 Mezcla la caja de mezcla de bizcocho amarillo con el resto de los ingredientes hasta que quede cremoso. Echa sobre las piñas.

3 Honea a 350°F por 40 a 45 minutos.

### OREJITA

Puedes sustituir la leche por jugo de piña.

# BIZCOCHO DE TRES LECHES

*La yema de huevo es uno de los alimentos que naturalmente contienen vitamina D.*

**PREPARACION Y COCCION**

 **30 MIN**  **30 MIN**

8 PORCIONES

## INGREDIENTES

**4 huevos separados**
**1 barra mantequilla**
**1 taza azúcar**
**1 cdita. extracto de vainilla**
**1 taza harina para bizcocho cernida**

MEZCLA DE LECHES:

**1 lata 12 oz. leche evaporada**
**1 lata 14 oz. leche condensada**
**1 taza leche fresca**

MERENGUE:

**4 claras de huevo**
**½ taza azúcar granulada**
**¼ cdita. cremor tártaro**

1 Calienta el horno a 350°F. Engrasa un molde de 10".

2 En la batidora eléctrica, mezcla la mantequilla con el azúcar y las yemas de huevo hasta que quede cremosa. Luego añade la vainilla y la harina de bizcocho. Bate las claras a punto de nieve y mezcla con la mantequilla en forma envolvente. Echa la mezcla en el molde y hornea por 20 a 25 minutos. Deja enfriar.

3 Mezcla las tres leches y echa sobre el bizcocho.

4 Bate las claras a punto de nieve, añade el azúcar poco a poco y luego añade el cremor tártaro. Coloca el merengue sobre el bizcocho y hornea por 8 a 10 minutos hasta que el merengue quede doradito.

### OREJITA

Deja refrescar y coloca en el refrigerador hasta el momento de servir.

# BIZCOCHO DE ZANAHORIAS

*La zanahoria es reconocida como buena para la vista, más es rica en azúcar, vitaminas y sales minerales.*

**PREPARACION Y COCCION**

 **15 MIN**  **1 HR**

12 PORCIONES

## INGREDIENTES

**2 barras de mantequilla**
**2 tazas azúcar**
**4 huevos**
**3 tazas zanahorias ralladas**
**1 cdita. canela en polvo**
**1 cdita. extracto de vainilla**
**2 cdas. melaza (opcional)**
**¼ cdita. clavo de especias en polvo**
**3 tazas harina de bizcocho Self Rising Amapola® cernida**
**1 taza nueces picaditas (opcional)**
**¼ taza pasas (opcional)**

1 Calienta el horno a 350°F. Engrasa un molde de tubo (bundt) de 9".

2 En la batidora eléctrica, mezcla la mantequilla con el azúcar hasta que quede cremosa. Añade los huevos uno a uno y luego echa la zanahoria rallada. Añade la canela, vainilla, melaza y clavos de especias. Añade la harina de bizcocho Self Rising **Amapola®** cernida poco a poco hasta terminar.

3 Echa la mezcla en el molde y hornea por 50 a 60 minutos. Deja enfriar, desmolda y decora a tu gusto.

### OREJITA

Puedes hornear en moldecitos de cupcakes por 15 a 18 minutos.

# BRAZO GITANO DE GUAYABA

***La guayaba es una buena fuente de energía y muy rica en vitaminas C, A y fósforo.***

**PREPARACION Y COCCION**

 **20 MIN**  **18 MIN**

12 PORCIONES

**I N G R E D I E N T E S**

BIZCOCHO:

**4 huevos grandes separados**
**1 taza azúcar granulada**
**1 taza harina de bizcocho**
**1 cdita. extracto vainilla**
**2 tazas pasta de guayaba derretida**
**azúcar de confección para decorar**

1 Echa las claras de huevos en la batidora eléctrica y bate hasta formar merengue. Añade el azúcar poco a poco batiendo constantemente. Añade la harina de bizcocho poco a poco hasta terminar, mezclando constantemente. Añade la vainilla.

2 Prepara el molde de brazo gitano. Engrasa y cubre con papel de horneo o papel de aluminio engrasado, rocía con harina de trigo y elimina el exceso.

3 Echa la mezcla en el molde y acomoda hasta cubrir el molde que quede parejo. Hornea a 350°F por 15 a 18 minutos. Deja refrescar.

4 Prepara una toalla o papel y rocía azúcar de confección en la superficie. Vira el bizcocho sobre la toalla o papel. Corta los bordes y unta la pasta de guayaba derretida sobre el bizcocho hasta cubrir toda la superficie. Enrolla y envuelve con la toalla, luego con papel de aluminio y deja descansar hasta que se enfríe. Decora a tu gusto.

OREJITA

Puedes variar la receta cambiando la pasta de guayaba, por pasta de guineo.

# Carnes

# CARNE EN SALSA DE VINO Y CLAVOS DE ESPECIAS

*Ciertos cortes de carne roja magra pueden ser tan sanos como el pollo o el pescado.*

**PREPARACION Y COCCION**

 **20 MIN**  **2 HR**

**6 • 8 PORCIONES**

## INGREDIENTES

4 lbs. carne de res para guisar sin hueso y adobada con 4 cditas. sal, 4 cditas. ajo, ½ cdita. orégano, 2 cdas. aceite de oliva

¼ taza aceite de oliva
1 cebolla grande picadita
2 dientes ajo picaditos
¼ taza pasta de tomate
2 cdas. harina de trigo
1 taza zanahorias rebanadas
1 cebolla cubierta con 30 clavos de especias
3 tazas vino tinto
1 cdita. azúcar
1 masito de hierbas frescas (laurel, orégano, tomillo)
8 oz. setas frescas rebanadas
sal al gusto

1 Mezcla los ingredientes del adobo y adoba la carne con anticipación. Deja reposar por lo menos ½ hora.

2 En una cacerola mediana echa el aceite de oliva, calienta, echa la cebolla, el ajo y cocina a temperatura mediana por 2 a 3 minutos. Añade la harina de trigo, pasta de tomate, la carne y el resto de los ingredientes.

3 Tapa y cocina a temperatura mediana por 2 horas, moviendo ocasionalmente. Elimina la cebolla con los clavos y el masito de hierbas. Sirve caliente y acompaña con arroz blanco.

### OREJITA

Para espesar la salsa puedes mezclar 2 cucharadas de harina de trigo con mantequilla y añade a la salsa.

# CARNE GUISADA

***Es beneficioso comer pimientos en época de convalecencia porque ayuda a incrementar las defensas.***

**PREPARACION Y COCCION**

 **20 MIN**  **2 HR**

**6 PORCIONES**

## INGREDIENTES

**2 libras de carne de res para guisar troceada y adobada con:**
**2 cditas. sal, 2 cditas. ajo triturado,**
**2 cdas. aceite de oliva**

**1 taza cebolla blanca picadita**
**2 cditas. ajo triturado**
**½ taza pimiento verde picadito**
**1 taza salsa de tomate**
**1 sobre de sazonador con culantro y achiote**
**1 zanahoria rebanada o picadita**
**3 papas troceadas**
**½ taza vino blanco**
**1 taza agua**
**1 hoja de laurel**
**sal y pimienta al gusto**

**OREJITA**

Acompaña con arroz
y habichuelas colorás.

1 Mezcla los ingredientes del adobo y adoba la carne. Deja marinando por lo menos ½ hora.

2 En una cacerola mediana echa la carne y cocina hasta que quede doradita. Añade la cebolla, ajo, pimiento y cocina a temperatura mediana por 2 a 3 minutos.

3 Añade el resto de los ingredientes, excepto las papas y las zanahorias, tapa y cocina a temperatura mediana por 1 ½ hora.

4 Añade las papas, zanahorias y cocina por ½ hora adicional.

# CARNE MECHADA

***El ajo ayuda a combatir un gran número de bacterias, hongos y virus.***

## PREPARACION Y COCCION

 30 MIN 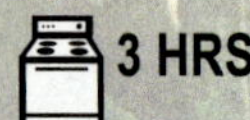 3 HRS

**20 PORCIONES**

## INGREDIENTES

**1 lechón de mechar de 3 a 4 libras adobado con: 4 cditas. sal, 4 cditas. ajo, ½ cdita. orégano fresco, 4 cdas. aceite de oliva y 1 cda. vinagre**
**Relleno de la carne:**
**½ taza cebolla picadita**
**½ taza pimiento verde picadito**
**1 taza jamón de cocinar picadito o utiliza 6 lascas tocineta picadita**
**¼ taza pasas**
**¼ taza aceitunas rellenas picaditas**
**Salsa:**
**¼ taza sofrito**
**1 taza salsa de tomate**
**2 cdas. mostaza**
**1 cdita. salsa inglesa**
**1 cdita. salsa negra (browning sauce)**
**2 tazas vino blanco de cocinar**
**1 hoja de laurel**
**4 papas medianas troceadas**
**1 taza zanahorias rebanadas**

### OREJITA

Puedes rellenar con brécol o la combinación de vegetales preferidos.

1 Mezcla los ingredientes del adobo. Limpia la carne. Haz una incisión profunda en ambas extremidades del lechón y adoba.

2 Mezcla los ingredientes del relleno y rellena la carne. Deja marinando por lo menos 1 hora.

3 En una cacerola grande echa un chorrito de aceite de oliva, calienta, echa la carne y cocina a temperatura mediana sellando la carne por ambos lados. Saca y deja aparte.

4 En la misma cacerola echa el sofrito, salsa, mostaza, salsa inglesa, salsa negra y cocina a temperatura mediana por 1 a 2 minutos. Añade la carne, vino de cocinar, hoja de laurel y cocina a temperatura mediana por 1 a 2 horas moviendo ocasionalmente.

5 Añade las papas y las zanahorias, tapa y cocina por 30 minutos.

# CHILI DE CARNE

***El tomate es la hortaliza más difundida en el mundo y la de mayor valor económico.***

**PREPARACION Y COCCION**

 **15 MIN**  **20 MIN**

**6 PORCIONES**

## INGREDIENTES

**1 lb. carne de res molida**
**¼ taza aceite de oliva**
**1 taza cebolla picadita**
**1 taza tomate picadito**
**1 cdita. ajo picadito**
**½ taza pimiento verde picadito**
**½ taza pimiento rojo picadito**
**1 cdita. chili en polvo**
**½ cdita. comino**
**2 tazas habichuelas negras**
**½ taza cilantrillo**
**sal al gusto**

1 En una cacerola mediana echa el aceite de oliva, calienta a temperatura mediana y echa la cebolla, pimientos, ajo y cocina por 2 a 3 minutos.

2 Añade la carne y el resto de los ingredientes. Cocina por 15 minutos.

**OREJITA**

Sirve con arroz, sobre plantillas de maíz o como entremés con nachos. Puedes utilizar carne de cerdo o pollo molida.

# CHULETAS A LA JARDINERA

*Los efectos de la zanahoria con sus vitaminas y carotenos favorecen a la visión.*

**PREPARACION Y COCCION**

 **20 MIN**  **30 MIN**

**6 PORCIONES**

## INGREDIENTES

**6 chuletas ahumadas EL SERRANITO®**
**¼ taza aceite de oliva**
**1 taza cebolla picadita**
**½ taza pimiento verde picadito**
**½ taza pimiento rojo picadito**
**½ taza cilantrillo picadito**
**2 cdas. harina de trigo**
**2 tazas vino blanco**
**1 taza salsa de tomate**
**2 tazas guisantes**
**2 tazas zanahorias picaditas**

1 En una sartén grande echa un chorrito de aceite de oliva, calienta a temperatura mediana, echa las chuletas y cocina hasta que queden doraditas por ambos lados. Deja aparte.

2 En la misma sartén echa el aceite de oliva, calienta, echa la cebolla, pimientos, cilantrillo y cocina a temperatura mediana por 2 a 3 minutos.

3 Añade la harina de trigo y el vino poco a poco.

4 Añade la salsa de tomate, chuletas ahumadas **EL SERRANITO®** y el resto de los ingredientes.

5 Tapa y cocina a temperatura mediana por 20 a 25 minutos.

**OREJITA**

Puedes utilizar lomo de cerdo **EL SERRANITO®**.

EL SERRANITO
1967

# CHULETA EN SALSA DE COCO Y TAMARINDO

***El tamarindo, natural de la India, se considera un excelente complemento alimenticio.***

**PREPARACION Y COCCION**

 **15 MIN**  **40 MIN**

**6 PORCIONES**

## INGREDIENTES

6 chuletas de jamón ahumado enteras o cortadas en tiritas

SALSA:

1 taza leche de coco

1 taza jugo de tamarindo concentrado

1 cdita. curry en polvo

1 cda. jengibre fresco rallado

1 cdita. ajo

1 cubito de pollo

½ cda. maicena

1 En una cacerola echa todos los ingredientes de la salsa y cocina hasta espesar. Deja aparte.

2 En una sartén grande echa un chorrito de aceite de oliva, echa las chuletas y saltea por varios minutos. Añade la salsa y decora con cebollines o añade vegetales frescos salteados.

**OREJITA**

Puedes utilizar chuletas frescas, las adobas a tu gusto, las cocinas y sigue la receta.

# FILETE CON SALSA DE SETAS

*Las setas son tan nutritivas como los vegetales teniendo inclusive mayor valor en proteínas.*

**PREPARACION Y COCCION**

 **15 MIN**  **20 MIN**

**6 PORCIONES**

## INGREDIENTES

**1 filete de res cortado en medallones, adobados y preparados a la parrilla o en la barbacoa**

**SALSA DE SETAS:**

**¼ taza mantequilla derretida**
**1 taza cebolla picadita**
**8 oz. setas frescas rebanadas**
**½ cda. harina de trigo**
**1 cdita. salsa negra (browning sauce)**
**¼ cdita. salsa inglesa**
**½ taza caldo de pollo**
**½ taza vino jerez**
**sal y pimienta al gusto**

1 En una sartén echa la mantequilla y derrite. Echa las cebollas, las setas y saltea a temperatura mediana 2 a 3 minutos.

2 Añade la harina de trigo, el caldo y el vino poco a poco.

3 Añade la salsa negra, la salsa inglesa y sazona al gusto.

4 Prepara los filetes en la barbacoa y sirve con la salsa.

**OREJITA**

Esta salsa la puedes utilizar para acompañar filetes de pechuga de pollo.

# FLANKSTEAK AL CILANTRILLO

***El aceite de oliva se considera la grasa más saludable por su gran contenido de ácido oléico.***

**PREPARACION Y COCCION**

 **15 MIN** 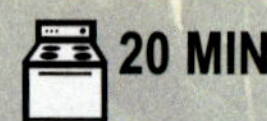 **20 MIN**

**4 PORCIONES**

## INGREDIENTES

**1 lb. flanksteak cortado en tiritas y adobado con 1 cdita. sal, 1 cdita. ajo triturado, 2 cdas. aceite de oliva, pimienta al gusto**
**¼ taza aceite de oliva**
**1 cebolla blanca cortada en tiritas**
**1 cdita. ajo triturado**
**½ pimiento verde cortado en tiritas**
**½ pimiento rojo cortado en tiritas**
**½ taza salsa mejicana**
**½ taza cilantrillo fresco picadito**
**sal al gusto**

1 Mezcla los ingredientes del adobo y adoba la carne. Deja marinando en el refrigerador por lo menos ½ hora.

2 En una sartén echa un chorrito de aceite de oliva, calienta y echa el flanksteak en porciones pequeñas y saltea. Repite el procedimiento hasta terminar.

3 En una sartén echa el aceite de oliva, calienta a temperatura mediana, echa la cebolla, ajo, pimientos y saltea por 2 a 3 minutos.

4 Añade el flanksteak, salsa mejicana, cilantrillo, saltea por varios minutos y sirve inmediatamente.

**OREJITA**

Sirve con arroz blanco o sirve con tortilla de harina.

# OSSOBUCO DE TERNERA

*La ternera es la carne más rica en hierro y fósforo.*

**PREPARACION Y COCCION**

 **20 MIN**  **1 HR**

**4 PORCIONES**

## INGREDIENTES

**3 lb. ossobuco de ternera adobado:**
**3 cditas. sal, 3 cditas. ajo,**
**2 cdas. aceite de oliva**

**½ taza harina de trigo**
**2 cdas. aceite de oliva**
**½ taza cebolla picadita**
**1 taza tomate troceado**
**2 cditas. ajo triturado**
**½ cda. pasta de tomate**
**2 tazas vino blanco**
**1 ramita de romero fresco**
**½ taza caldo de pollo o res**
**sal al gusto**

1 Adoba el ossobuco y deja marinando por lo menos una hora. Cubre el ossobuco con harina de trigo. En una sartén grande echa aceite de oliva, calienta a temperatura mediana y echa el ossobuco. Cocina hasta que quede sellado y doradito por ambos lados. Retira y deja aparte.

2 En una cacerola mediana echa el aceite de oliva, calienta, echa la cebolla, tomate, ajo, pasta de tomate y cocina a temperatura mediana por 2 a 3 minutos. Echa el ossobuco y el resto de los ingredientes, sazona al gusto, tapa y cocina a temperatura media baja por 50 a 60 minutos.

**OREJITA**

Puedes añadir setas portobello rebanadas.

# PEPPER STEAK

*Los pimientos constituyen una fuente excelente de vitamina C, superando a los cítricos.*

**PREPARACION Y COCCION**

 15 MIN 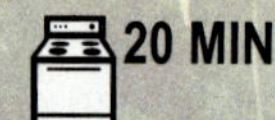 20 MIN

**4 PORCIONES**

## INGREDIENTES

1 lb. flanksteak adobado:
1 cdita. ajo, ½ cda. jengibre rallado,
2 cdas. salsa soya, 1 huevo y
¼ taza maicena
1 cebolla cortada en tiritas
1 pimiento verde cortado en tiritas

SALSA:
1 taza caldo de pollo
1 cda. maicena
2 cdas. vinagre de arroz
¼ taza salsa soya
¼ taza sirope de maíz
¼ taza azúcar negra
1 cda. jengibre fresco rallado
1 cda. salsa habichuelas negras

1. Mezcla los ingredientes del adobo y adoba la carne. Deja marinando por lo menos ½ hora.

2. En una cacerola pequeña echa el caldo con la maicena y mezcla hasta que se disuelva. Añade el resto de los ingredientes y cocina a temperatura mediana hasta espesar.

3. En una sartén echa un chorrito de aceite de maíz, calienta, echa la carne en porciones pequeñas y saltea hasta que quede doradita. Repite el procedimiento hasta terminar.

4. Saltea la cebolla y pimientos. En una sartén o wok grande echa la carne, pimientos, cebolla, la salsa y sirve.

**OREJITA**

Sirve con arroz hervido. Esta receta la puedes preparar utilizando filete de pechuga de pollo y sigue las instrucciones.

# PERNIL ASADO

***El cerdo, cochino o puerco, como le llamen, ha sido uno de los animales de carne más útiles y consumidos desde la antiguedad.***

**PREPARACION Y COCCION**

 **15 MIN**  **1 HR**

**4 PORCIONES**

## INGREDIENTES

**1 pernil de cerdo de 8 lbs.**
**adobado con:**
**2 ½ cdas. sal, 2 ½ cda. ajo triturado, ½ cdita. pimienta negra, ½ cdita. orégano**
**¼ taza aceite de oliva**
**2 cdas. vinagre**

1 En un envase pequeño mezcla todos los ingredientes del adobo. Limpia el pernil, levanta el cuero separándolo de un extremo haciendo a su vez incisiones en varias partes del pernil.

2 Adoba el pernil e introduce adobo en las incisiones. Asegura el cuero pinchándolo con alfileres grandes de horneo. Deja en el refrigerador por lo menos 1 hora.

3 Calienta el horno a 350°F. Coloca el pernil con el cuero hacia arriba en una bandeja de horneo con parrilla. Echa en la bandeja el líquido del pernil. Hornea por 4 horas.

4 Elimina el líquido que suelte el pernil. Coloca el pernil en el horno. Sube la temperatura a 375°F y hornea por 25 a 30 minutos hasta que el cuerito quede tostadito. Saca del horno y deja reposando por lo menos ½ hora antes de cortar.

**OREJITA**

Sirve con guineitos en escabeche.

# PERNIL DE CERDO AL CALDERO

***Una característica de la buena preparación del cerdo, es que su carne se cocine muy bien, sin siquiera quedar rosaduzca.***

**PREPARACION Y COCCION**

 **20 MIN** 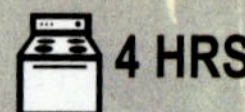 **4 HRS**

**4 PORCIONES**

**INGREDIENTES**

**1 pernil de cerdo de 8 lbs. sin cuerito y adobado con:**
**2 ½ cdas. sal, 2 ½ cda. ajo triturado, ½ cdita. pimienta negra, ½ cdita. orégano**
**¼ taza aceite de oliva**
**2 cdas. vinagre**
**8 papas troceadas**
**2 zanahorias troceadas**
**2 tazas agua o vino blanco dulce**

1 En un envase pequeño mezcla todos los ingredientes del adobo. Limpia el pernil haciendo a su vez incisiones en varias partes del pernil. Adoba el pernil e introduce adobo en las incisiones. Deja en el refrigerador por lo menos 1 hora.

2 En un caldero grande echa un chorrito de aceite de oliva, calienta y coloca el pernil. Cocina a temperatura mediana hasta que quede doradito por ambos lados.

3 Añade el agua o vino, tapa, cocina a temperatura mediana. Voltea el pernil ocasionalmente y cocina por 3 horas. Añade las papas, zanahorias y cocina por 45 minutos.

**OREJITA**

Sirve con arroz con gandules y coco.

# PIÑON DE PLATANO MADURO

***El plátano maduro es un alimento óptimo para niños en lactancia.***

**PREPARACION Y COCCION**

 **20 MIN**  **50 MIN**

**4 • 6 PORCIONES**

## INGREDIENTES

**4 plátanos maduros grandes fritos**
**4 huevos ligeramente batidos y una pizca de sal**

**RELLENO DE CARNE:**

**2 cdas. aceite de oliva**
**½ taza sofrito**
**1 taza salsa de tomate**
**¼ taza aceitunas rellenas picaditas**
**¼ taza pimiento morrón picadito**
**1 lb. carne de res molida**
**sal al gusto**

1 Rebana cada plátano en cuatro partes, a lo largo. Fríe hasta que queden doraditos y deja aparte.

2 En una cacerola mediana echa el aceite de oliva, calienta, echa el sofrito, salsa, aceitunas, pimiento morrón y cocina por 2 a 3 minutos. Añade la carne molida, sazona al gusto y cocina por 8 a 10 minutos.

3 Engrasa un molde rectangular de horneo y echa la mitad de los huevos batidos, luego coloca la mitad de los plátanos uno al lado de otro haciendo una base, luego echa la carne, cubre con el resto de los plátanos, echa los huevos y hornea a 350°F por 30 minutos.

**OREJITA**

Al relleno de carne se le pueden añadir pasas y habichuelitas tiernas.

# TERNERA EN SALSA DE ALCAPARRAS

***El nombre alcaparras proviene del griego "capparies" y el árabe "alkabara".***

**PREPARACION Y COCCION**

 **15 MIN**  **1 HR**

**4 PORCIONES**

## INGREDIENTES

**2 lbs. masitas de ternera limpias y adobadas con: 2 cditas. sal, 2 cditas. ajo, 2 cdas. aceite de oliva**
**¼ taza aceite de oliva**
**1 taza cebolla picadita**
**2 tazas tomate troceadito**
**1 cdita. ajo triturado**
**1 taza vino blanco**
**½ taza caldo de pollo**
**1 sazonador con culantro y achiote**
**1 cda. romero fresco**
**1/3 taza alcaparritas**
**sal al gusto**

1. Mezcla los ingredientes del adobo, adoba la carne y deja marinando por lo menos ½ hora.

2. En una cacerola mediana echa el aceite de oliva, calienta a temperatura mediana, echa la cebolla, tomates, ajo y cocina por 3 a 5 minutos.

3. Añade la carne y cocina por 8 a 10 minutos. Luego añade el resto de los ingredientes, sazona, tapa y cocina por 45 minutos.

### OREJITA

Para una salsa más cremosa puedes añadir ½ taza crema espesa.

# Cheesecakes

# CHEESECAKE DE BLUEBERRIES

***Un huevo fresco presenta una clara recojida, contrario al huevo conservado que se esparce.***

**PREPARACION Y COCCION**

 **20 MIN**  **1 HR**

**6 PORCIONES**

## INGREDIENTES

CORTEZA:

**1 taza galletitas graham**
**2 cdas. azúcar negra**
**2 cdas. mantequilla**

MEZCLA DE QUESO Y BLUEBERRIES

**1 lb. queso crema**
**¾ taza azúcar granulada**
**1 taza crema agria**
**6 huevos**
**1 taza crema ligera**
**1 ½ taza blueberries**

1 Calienta el horno a 300°F. Mezcla los ingredientes de la corteza y coloca en el fondo de un molde de resorte.

2 En el procesador de alimentos mezcla el queso crema con el azúcar hasta que quede cremoso. Añade la crema agria, los huevos uno a uno y luego añade la crema ligera. Echa la mezcla en un envase y echa los blue berries. Mezcla en forma envolvente.

3 Echa la mezcla sobre la corteza. Hornea por 1 a 1 ¼ hora.

**OREJITA**

Deja enfriar y coloca en el refrigerador hasta el momento de servir.

# CHEESECAKE DE CHOCOLATE

*El chocolate contiene múltiples vitaminas, minerales y complejos alkaloides.*

**PREPARACION Y COCCION**

 20 MIN  1 ¼ HR

**8 PORCIONES**

## INGREDIENTES

CORTEZA:

1 taza galletitas de chocolate trituradas
3 cdas. mantequilla derretida

MEZCLA DE QUESO Y CHOCOLATE:

2 lbs. queso crema
1 ½ taza azúcar de confección
8 huevos
2 tazas gotitas chocolate semi dulce derretidas
1 taza crema espesa
1 cda. jugo de limón
1 cdita. extracto de vainilla

SALSA FRAMBUESA:

1 pqt. frambuesas frescas
½ taza azúcar
1 cdita. jugo de limón

1 En una cacerola mediana mezcla los ingredientes de la salsa y cocina a temperatura mediana hasta que se reduzca. Deja aparte.

2 Mezcla los ingredientes de la corteza, coloca en un molde de resorte y compacta hasta formar una base.

3 En una taza resistente al microondas mezcla las gotitas de chocolate con la mitad de la crema espesa. Calienta en el horno de microondas a temperatura mediana (medium) por 40 segundos. Mezcla hasta que se derritan las gotitas de chocolate.

4 En el procesador de alimentos mezcla el queso crema y azúcar hasta que quede cremoso. Añade los huevos uno a uno. Añade el chocolate derretido, el resto de la crema espesa, jugo de limón, vainilla y mezcla hasta unir. Echa la mezcla sobre la corteza. Hornea por 1 a 1¼ hora.

### OREJITA

Puedes sustituir la crema ligera por leche evaporada.

# CHEESECAKE DE DULCE DE LECHE

*Las yemas contienen toda la grasa que tiene el huevo.*

PREPARACION Y COCCION

 20 MIN  1 ¼ HR

8 PORCIONES

## INGREDIENTES

CRUST:
1 taza galletitas graham trituradas
2 cdas. mantequilla derretida
2 cdas. azúcar negra

MEZCLA :
2 lbs. queso crema
1 taza dulce de leche
1 ½ taza azúcar de confección
5 yemas de huevo
5 huevos enteros
8 oz. crema espesa
1 cda. jugo de limón
1 cdita. extracto de vainilla

1 Calienta el horno a 300°F. Engrasa un molde de resorte de 9". Mezcla los ingredientes de la corteza y acomoda en el fondo del molde hasta compactar y formar una base pareja.

2 En el procesador de alimentos mezcla el queso crema con el azúcar, dulce de leche, las yemas de huevo y huevos enteros hasta que quede cremoso. Luego añade el resto de los ingredientes y mezcla hasta unir. Echa la mezcla sobre la corteza.

3 Hornea por 1 hora a 1¼ hora. Deja enfriar y coloca en el refrigerador hasta el momento de servir. Decora a tu gusto.

OREJITA

Puedes utilizar queso crema libre de grasa.

# CHEESECAKE DE GUAYABA

*La guayaba contiene en vitamina C, unas siete veces más que la naranja o china.*

**PREPARACION Y COCCION**

 **20 MIN**  **1 ¼ HR**

**8 PORCIONES**

## INGREDIENTES

CRUST:
**1 taza galletitas graham trituradas**
**2 cdas. mantequilla derretida**
**2 cdas. azúcar negra**
MEZCLA DE QUESO Y GUAYABA:
**2 lbs. queso crema**
**1 taza azúcar**
**5 yemas de huevo**
**5 huevos enteros**
**1 taza pasta de guayaba**
**1 cda. jugo de limón**
**1 cdita. extracto de vainilla**

1 Calienta el horno a 300°F. Engrasa un molde de resorte de 9". Mezcla los ingredientes de la corteza y acomoda en el fondo del molde hasta compactar y formar una base pareja.

2 En el procesador de alimentos mezcla el queso crema, azúcar, yemas de huevo y huevos enteros hasta que quede cremoso. Luego añade el resto de los ingredientes y mezcla hasta unir. Echa la mezcla sobre la corteza y hornea por 1 hora a 1 ¼ hora.

3 Deja enfriar y coloca en el refrigerador hasta el momento de servir. Decora a tu gusto.

**OREJITA**

Puedes añadir ½ taza pasta de guayaba en cuadritos.

# CHEESECAKE DE LIMONADA

*El limón es muy bueno para el sistema cardio-circulatorio, digestivo y genito-urinario.*

PREPARACION

 15 MIN 

**6 PORCIONES**

## INGREDIENTES

CORTEZA::

**1 taza galletitas graham**
**¼ taza azúcar negra**
**¼ taza mantequilla derretida**

MEZCLA DE QUESO Y LIMÓN:

**16 oz. queso crema**
**½ lata limonada congelada**
**½ taza azúcar**
**1 cdita. extracto de vainilla**
**1 sobre de gelatina sin sabor**
**¼ taza agua**
**1 taza crema espesa batida a punto de nieve**

1 Mezcla los ingredientes de la corteza y coloca en un molde de resorte de 8". Presiona la mezcla hasta compactar y formar un base pareja.

2 En el procesador de alimentos mezcla el queso crema con la limonada concentrada, azúcar y extracto de vainilla hasta que quede cremoso.

3 En una taza resistente al microondas mezcla la gelatina, agua y calienta en el microondas a temperatura máxima (high) por 30 segundos y disuelve. Echa la gelatina en la mezcla de queso. Echa la mezcla en un envase y añade la crema batida en forma envolvente.

4 Echa la mezcla sobre la corteza y deja en el refrigerador por varias horas hasta obtener la consistencia suficiente para desmoldar y servir. Decora a tu gusto.

### OREJITA

Esta receta la puedes hacer con sabor a parcha, sustituyendo la limonada concentrada por jugo de parcha concentrado.

# CHEESECAKE DE PIÑA COLADA

***La piña es un buen diurético y contiene potasio que reduce el sodio y ácido caféico.***

**PREPARACION Y COCCION**

 **20 MIN**  **1 HR**

**6 PORCIONES**

## INGREDIENTES

CORTEZA:

- ¾ taza galletitas graham trituradas
- ¼ taza azúcar negra
- ¼ cdita. canela en polvo
- ¼ taza mantequilla derretida
- ¼ taza coco rallado

MEZCLA DE QUESO:

- 1 lb. queso crema
- ½ taza azúcar granulada
- 4 huevos
- ½ taza leche de coco
- ½ taza jugo de piña
- 2 cdas. ron blanco (opcional)
- 1 cdita. extracto de vainilla

1 Calienta el horno a 300°F. Mezcla los ingredientes de la corteza y coloca en un molde de resorte de 9".

2 En el procesador de alimentos mezcla el queso crema con el azúcar, añade los huevos uno a uno y luego echa el resto de los ingredientes. Echa la mezcla sobre la corteza.

3 Hornea por 1 a 1¼ hora. Deja enfriar y coloca en el refrigerador por varias horas.

**OREJITA**

Decora con coco rallado tostado.

# CHEESECAKE SABROSO

*Un huevo aporta cantidades significativas de vitaminas A, B2 y B12.*

**PREPARACION Y COCCION**

 **20 MIN**  **1 HR**

**8 PORCIONES**

## INGREDIENTES

CORTEZA:

**1 taza galletitas graham trituradas**
**2 cdas. mantequilla derretida**
**2 cdas. SPLENDA® granulado**

MEZCLA DE QUESO:

**2 lbs. queso crema**
**1 ½ taza SPLENDA® granulado**
**5 yemas de huevo**
**5 huevos enteros**
**8 oz. crema espesa**
**1 cda. jugo de limón**
**1 cdita. extracto de vainilla**

1 Calienta el horno a 300°F. Engrasa un molde de resorte de 9”. Mezcla los ingredientes de la corteza y acomoda en el fondo del molde hasta compactar y formar una base pareja.

2 En el procesador de alimentos mezcla el queso crema, **SPLENDA®** granulado, yemas de huevo y huevos enteros hasta que quede cremoso. Luego añade el resto de los ingredientes y mezcla hasta unir. Echa la mezcla sobre la corteza.

3 Hornea por 1 hora a 1¼ hora. Deja enfriar y coloca en el refrigerador hasta el momento de servir.

**OREJITA**

Decora con mermelada o fresones frescos.

IDEAL FOR THE WHOLE FAMILY
Splenda
No Calorie Sweetener
Great for Cooking & Baking
MADE FROM SUGAR TASTES LIKE
GRANULAR
EQUIVALENT TO 2 LBS. of SUGAR
NET WT 3.8 OZ (108g)

# CHEESECAKE DE FRESAS

*Las fresas son 85% agua y su aporte calórico es muy bajo, buenas para hacer dieta.*

**PREPARACION Y COCCION**

 **20 MIN** 

**6 PORCIONES**

**INGREDIENTES**

CORTEZA:
**1 taza galletitas graham**
**½ taza nueces picaditas**
**2 cdas. margarina derretida**
MEZCLA :
**16 oz. queso crema**
**1 taza strawberries trituradas**
**½ taza azúcar**
**2 sobres gelatina sin sabor**
**½ taza agua**
**1 taza crema espesa batida a punto de nieve**

1. Mezcla los ingredientes de la corteza y coloca en un molde de resorte de 8".

2. En el procesador de alimentos mezcla el queso crema con las strawberries y el azúcar hasta que quede cremoso.

3. En un envase para microondas mezcla la gelatina con el agua y calienta en el microondas a temperatura máxima (high) por 35 segundos. Mezcla hasta que se disuelva. Echa la gelatina en la mezcla de queso.

4. Añade la crema espesa batida en forma envolvente. Echa la mezcla sobre la corteza y deja en el refrigerador hasta obtener la consistencia suficiente para desmoldar y servir.

**OREJITA**

Para ahorrar calorías puedes sustituir el queso crema por queso crema libre de grasa y eliminar el azúcar y utilizar un endulzador artificial.

# Desayunos

# FRITTATA DE ATUN

*El atún es rosado porque su sangre transporta más oxigeno que otros pescados.*

## PREPARACION Y COCCION

 15 MIN  40 MIN

**6 PORCIONES**

## INGREDIENTES

**6 huevos**
**1 taza cebolla picadita**
**½ taza pimiento verde picadito**
**½ taza pimiento rojo picadito**
**1 taza zucchini picadito**
**1 cdita. ajo triturado**
**¼ cdita. orégano**
**¼ taza cilantrillo fresco**
**1 cdita. tomillo fresco**
**14 oz. atún blanco desmenuzado**
**¼ taza queso parmesano rallado**

1 En una sartén echa un chorrito de aciete de oliva, calienta, echa la cebolla, pimiento, zucchini picadito, ajo y saltea por 5 minutos. Añade las hierbas y el atún.

2 En una sartén o molde con teflón engrasado echa los vegetales salteados. Bate los huevos, sazona al gusto y echa sobre los vegetales. Luego echa el queso parmesano rallado. Hornea por 25 a 30 minutos.

### OREJITA

Puedes sustituir los huevos por egg beater.

# HUEVOS BENEDICTINOS

***El huevo contiene dos carotenoides llamados Luteína y Zeaxantina que intervienen en la salud visual.***

**PREPARACION Y COCCION**

 15 MIN  20 MIN

**2 PORCIONES**

## INGREDIENTES

2 rebanadas de pan
2 huevos escalfados
2 lascas de jamón ahumado

**SALSA HOLANDESA RAPIDITA:**

2 yemas de huevo
1 barra mantequilla clarificada
1 cdita. jugo de limón o vinagre
sal

1 Prepara la salsa. En la licuadora eléctrica echa las yemas y bate hasta que obtengan un color amarillo limón. Añade la mantequilla poco a poco, batiendo constantemente, hasta terminar. Luego añade el jugo de limón, una pizca de sal y deja aparte.

2 Tuesta el pan. Coloca las rebanadas de pan una en cada plato. Sobre cada rebanada de pan coloca una lasca de jamón, luego coloca un huevo escalfado y corona con la salsa holandesa.

3 Sirve inmediatamente.

**OREJITA**

Para variar puedes utilizar pan integral y sustituir el jamón por pavo ahumado.

# HUEVOS DELICIOSOS

*El huevo posee Colina, una sustancia que influye en el desarrollo de la memoria durante la etapa embrionaria.*

**PREPARACION Y COCCION**

 **10 MIN** 

**1 PORCIONES**

## INGREDIENTES

- 1 lasca jamón
- 2 huevos
- 2 cdas. tomate troceadito
- 1 cdita. cilantrillo fresco picadito
- 2 cdas. queso cheddar rallado
- sal y pimienta al gusto

1 Calienta el horno a 350°F. Engrasa una escudillita de barro y coloca la lasca de jamón, luego los huevos y sobre los huevos coloca el cilantrillo, tomate, queso cheddar, sal y pimienta al gusto.

2 Hornea por 15 minutos. Sirve inmediatamente.

# PANQUEQUES DE GUINEO

***El guineo es recomendado para combatir la anemia y ayuda a bajar la presión arterial.***

**PREPARACION Y COCCION**

 **10 MIN**  **20 MIN**

**4 PORCIONES**

## INGREDIENTES

**2 tazas mezcla de panqueques original**
**¾ taza leche**
**2 cdas. aceite**
**2 huevos**
**¾ taza guineo maduro majado**
**½ cdita. canela en polvo**
**1 cdita. extracto de vainilla**

1 Mezcla todos los ingredientes y prepara los panqueques.

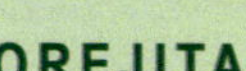

**OREJITA**

Sirve con sirope de panqueques o salsa de fresas.

# PANQUEQUES DE LIMON Y COCO

*El limón ayuda a prevenir resfriados y a fortalecer nuestro sistema inmunológico.*

**PREPARACION Y COCCION**

 10 MIN

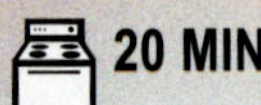 20 MIN

**4 PORCIONES**

## INGREDIENTES

2 tazas mezcla de panqueques original
1 ½ taza leche
2 cdas. aceite
2 huevos
½ taza coco rallado
1 cdita. ralladura de limón

1 Mezcla todos los ingredientes y prepara los panqueques.

**OREJITA**

Puedes servir con sirope de panqueques y coco rallado tostado.

# PANQUEQUES DE MANZANAS

*La manzana posee un 85% de su composición en agua, por lo que resulta muy refrescante e hidratante.*

**PREPARACION Y COCCION**

 **10 MIN**  **20 MIN**

**4 PORCIONES**

## INGREDIENTES

2 tazas mezcla de panqueques original
¾ taza leche
¾ taza compota de manzana
2 cdas. aceite
2 huevos
2 cdas. pasas
½ cdita. canela en polvo
1 cda. melasa

1 Mezcla todos los ingredientes hasta unir y prepara los panqueques.

**OREJITA**

Sirve con sirope de panqueques y añade canela en polvo al momento de servir.

# REVOLTILLO A LA FLORENTINA

***El huevo posee mayor porcentaje de ácidos grasos poli y monoinsaturados, por ende, más grasas insaturadas que saturadas.***

**PREPARACION Y COCCION**

 **15 MIN**  **15 MIN**

**2 • 4 PORCIONES**

## INGREDIENTES

**4 huevos**
**¼ taza crema espesa**
**5 oz. espinacas frescas cocidas, escurridas y picaditas**
**2 lascas tocineta frita y picadita**
**½ taza cebolla picadita**
**½ taza queso suizo rallado**
**2 cdas. queso parmesano rallado**

1. Bate los huevos con la crema espesa y sal al gusto. Echa el resto de los ingredientes, sazona y mezcla.

2. En una sartén mediana con teflón echa un chorrito de aceite de oliva, calienta, echa la mezcla y cocina moviendo constantemente hasta que el revoltillo se cocine, dejándolo un poco mojadito.

3. Decora con queso parmesano rallado. Sirve sobre tostadas.

**OREJITA**

Puedes sustituir los huevos por egg beater y utilizar bacon bits.

# REVOLTILLO DE CAMARONES

***Durante el crecimiento infantil, los huevos se recomiendan para una correcta nutrición.***

**PREPARACION Y COCCION**

 **15 MIN**  **15 MIN**

**2 • 4 PORCIONES**

## INGREDIENTES

**4 huevos**
**¼ taza crema espesa**
**8 oz. camarones pequeños cocidos**
**1 cebollin picadito**
**1 cda. cilantrillo fresco picadito**
**½ taza queso monterrey rallado**
**sal al gusto**

1 Bate los huevos con la crema espesa. Echa el resto de los ingredientes, sazona y mezcla.

2 En una sartén mediana con teflón echa un chorrito de aceite de oliva, calienta, echa la mezcla y cocina a temperatura mediana moviendo constantemente hasta que el revoltillo se cocine, dejándolo un poco mojadito. Sirve sobre tostadas.

# TARTA DE ESPARRAGOS

*El espárrago, nativo del Mediterráneo, provee una cantidad considerable de vitamina A y C.*

PREPARACION Y COCCION

 15 MIN

 30 MIN

8 PORCIONES

## INGREDIENTES

**1 masa pastel**

RELLENO:

**1 pqt. espárragos frescos cocidos**
**½ taza cebolla picadita**
**1 cdita. ajo triturado**
**2 tazas requesón**
**¼ taza tocineta frita picadita**
**¼ taza queso parmesano rallado**
**½ taza queso suizo rallado**
**3 huevos**
**½ cdita. sal y pimienta al gusto**

1 Calienta el horno a 375°F. Coloca la masa en un molde de tarta de 9".

2 En una sartén echa un chorrito de aceite de oliva o mantequilla derretida, saltea la cebolla, ajo y cocina a temperatura mediana hasta que queden tiernecitas. Añade la tocineta.

3 Echa el queso suizo sobre la masa, luego la cebolla salteada y espárragos.

4 Mezcla el requesón con el queso parmesano, huevos, sal, pimienta al gusto y echa en el molde.

5 Hornea por 30 minutos. Sirve tibio o caliente.

### OREJITA

Puedes sustituir la tocineta por bacon bits.

# TARTA DE JAMON

*El huevo contiene dos estructuras de proteínas llamadas chalazas que mantienen la yema en el centro del huevo.*

**PREPARACION Y COCCION**

 **15 MIN**  **35 MIN**

**8 PORCIONES**

## INGREDIENTES

**1 masa de pastel**
**½ taza queso suizo rallado**
**¼ taza aceite de oliva**
**1 taza cebolla picadita**
**½ lb. jamón picadito**
**3 huevos**
**1 taza crema ligera**
**½ taza mayonesa**
**sal y pimienta al gusto**

1 Calienta el horno a 375°F. Coloca la masa en un molde de tarta de 9".

2 En una sartén echa el aceite de oliva, calienta a temperatura mediana, echa las cebollas y cocina a temperatura mediana por 2 a 3 minutos hasta que queden tiernecitas.

3 Coloca el queso sobre la masa, luego coloca las cebollas salteadas y el jamón.

4 Mezcla los huevos con la crema ligera, mayonesa, sal, pimienta al gusto y echa sobre el jamón.

5 Hornea a 375°F por 30 a 35 minutos.

**OREJITA**

Sirve caliente o tibio.

# TOSTADAS FRANCESAS

*La auténtica azúcar negra se obtiene por cristalización del jugo de caña sin procesar ni refinar.*

**PREPARACION Y COCCION**

 15 MIN  15 MIN

**25 PORCIONES**

## INGREDIENTES

4 rebanadas de pan
2 huevos
½ taza crema espesa
2 cdas. azúcar negra
¼ cdita. canela en polvo
1 cdita. extracto de vainilla
sirope de arce

1. En un evase bate los huevos y añade la crema, azúcar, canela y extracto de vainilla.
2. En una sartén grande echa un chorrito de mantequilla y calienta.
3. Vierte la rebanada de pan en la mezcla de huevo hasta que se cubra la rebanada de pan.
4. Echa en la sartén y cocina a temperatura mediana hasta que quede doradita por ambos lados. Repite el procedimiento con cada rebanada de pan.

**OREJITA**

Puedes decorar con azúcar de confección.

# Dips

# ANTIPASTO DE ATUN Y BERENJENAS

*El atún es una buena fuente de proteínas, fósforo, iodo, hierro y vitaminas A, B y D.*

**PREPARACION Y COCCION**

 **15 MIN** 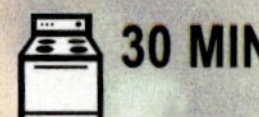 **30 MIN**

**25 PORCIONES**

## INGREDIENTES

**¼ taza aceite de oliva**
**1 taza cebolla picadita**
**1 taza berenjenas picaditas**
**1 taza pimiento verde picadito**
**½ taza pimiento morrón picadito**
**½ zanahorias picaditas**
**2 cditas. ajo triturado**
**¼ taza pasas**
**1 taza ketchup**
**¼ taza vino blanco**
**½ taza cilantrillo fresco picadito**
**2 latas 10 oz. c/u atún, escurrido y desmenuzado**
**sal y pimienta al gusto**

1 En una cacerola echa el aceite de oliva, calienta, echa la cebolla, berenjenas, pimientos, ajo y cocina a temperatura mediana por 2 a 3 minutos.

2 Echa el resto de los ingredientes, sazona al gusto, tapa y cocina a temperatura mediana por 20 a 25 minutos.

### OREJITA

Sirve con tostones, galletitas o tostadas. Para variar y cambiar el sabor de esta receta puedes sustituir el atún, utilizar gandules y añadir chorizos picaditos.

# DIP DE BERENJENAS

*La berenjena es rica en potasio, calcio y puede prepararse en platos fríos y calientes.*

**PREPARACION Y COCCION**

 **10 MIN**  **15 MIN**

**20 PORCIONES**

## INGREDIENTES

**2 tazas berenjenas sin corteza, asadas o hervidas, picaditas**
**½ taza perejil fresco picadito**
**1 cdita. ajo triturado**
**2 cdas. aceite de oliva**
**½ taza pasta de ajonjolí**
**1 cda. jugo de limón**
**½ cdita. sal**

1 En el procesador de alimentos mezcla todos los ingredientes hasta que quede cremoso.

2 Sirve en un plato, decora con pimentón y sirve con pan pita.

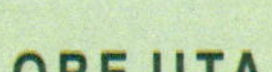

### OREJITA

Puedes hacer un emparedado. Abre un pan pita y rellena con el dip y añade alfalfa fresca. Sirve inmediatamente.

# DIP DE ESPINACAS

***Las espinacas contienen un alto nivel de hierro y ácido fólico, muy recomendado para mujeres embarazadas.***

**PREPARACION Y COCCION**

 **8 MIN**  **5 MIN**

**20 PORCIONES**

## INGREDIENTES

**1 pqt. 10 oz. espinacas frescas, cocidas, escurridas y picaditas**
**½ taza queso parmesano rallado**
**4 oz. queso crema**
**¼ taza mayonesa**
**1 cdita. ajo triturado**
**pizca nuez moscada**
**sal al gusto**

1 Mezcla todos los ingredientes y cocina en el microondas a temperatura máxima (high) por 5 minutos.

2 Sirve con galletitas o tostadas.

**OREJITA**

Se puede hornear en un molde para horneo a 350°F por 20 minutos. Para variar puedes añadir ½ lb. camarones baby.

# DIP DE GARBANZOS

*El hummus es muy nutritivo y contiene gran cantidad de proteína, fibra, hierro y grasas monoinsaturadas.*

## PREPARACION

 15 MIN 

15 • 20 PORCIONES

## INGREDIENTES

1 lata 15.5 oz. garbanzos hervidos, escurridos
2 cdas. aceite de oliva extra virgen
1 cdita. ajo triturado
2 cdas. pasta de ajonjolí
1 cda. jugo de limón
½ cdita. sal

1 En el procesador de alimentos mezcla todos los ingredientes hasta que quede cremoso.

2 Sirve en un plato y decora con pimentón.

3 Sirve con pan pita.

## OREJITA

Puedes hacer un emparedado. Abre un pan pita y rellena con el dip de garbanzos y añade alfalfa fresca. Sirve inmediatamente.

# DIP DE MORCILLAS

***Las tradicionales morcillas se consumen mayormente en época navideña.***

**PREPARACION Y COCCION**

 **15 MIN**  **15 MIN**

**20 PORCIONES**

## INGREDIENTES

- ¼ taza aceite de oliva
- 2 cditas. ajo triturado
- ½ taza cebolla picadita
- ½ taza pimiento verde picadito
- ½ taza pimiento morrón picadito
- 1 manzana troceadita
- 2 cdas. pasas
- ½ taza walnuts troceaditas
- ½ taza cilantrillo picadito
- 1 lb. morcillas, cocidas y desmenuzadas

1 En una sartén echa el aceite de oliva, calienta, echa el ajo, cebolla, pimientos, manzana y cocina por 2 a 5 minutos.

2 Añade el resto de los ingredientes, sazona al gusto y cocina por 10 a 12 minutos.

**OREJITA**

Sirve con galletitas, tostadas o sobre tostones de plátano verde.

# DIP DE QUESO PARMESANO Y ALBAHACA

*El consumo de albahaca favorece la digestión y quita los espasmos gástricos.*

**PREPARACION**

 **10 MIN** 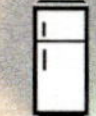

**10 PORCIONES**

**INGREDIENTES**

- 8 oz. queso crema
- ½ taza crema agria
- ½ taza queso parmesano rallado
- 1 cdita. ajo triturado
- ½ taza albahaca fresca picadita

1 Mezcla todos los ingredientes. Sirve frío con nachos, papitas, galletitas o vegetales crudos.

**OREJITA**

Puedes sustituir la crema agria por mayonesa.

# DIP DE SALMON AHUMADO

*El salmón es ahumado sobre diferentes tipos de maderas y varias esencias aromáticas.*

**PREPARACION**

 **5 MIN** 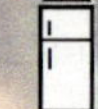

**18 • 20 PORCIONES**

## INGREDIENTES

**8 oz. queso crema**
**2 oz. filete de salmón ahumado**
**3 cdas. crema espesa**

1 En el procesador de alimentos mezcla todos los ingredientes hasta que quede cremoso.

2 Sirve con galletitas.

**OREJITA**

Puedes acompañar con mermelada de fresas. La combinación es deliciosa.

# DIP DE TOCINETA

*La tocineta deriva de los costados del cerdo y generalmente se comen fritas o asadas.*

**PREPARACION Y COCCION**

 **15 MIN**  **5 MIN**

**20 PORCIONES**

## INGREDIENTES

**8 lascas tocineta fritas y trituradas**
**8 oz. queso crema**
**½ taza mayonesa**
**1 cdita. ajo triturado**
**½ cdita. salsa inglesa**
**½ taza perejil fresco picadito**
**¼ taza queso parmesano rallado**

1 Mezcla todos los ingredientes hasta que queda cremoso.

2 Sirve con nachos.

### OREJITA

Puedes sustituir la tocineta por bacon bits, utilizar mayonesa y queso crema libre de grasa.

# DIP MEDITERRANEO

*El uso del ajo ayuda a reducir la presión arterial y el colesterol.*

PREPARACION Y COCCION

 15 MIN 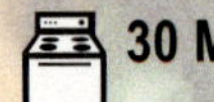 30 MIN

20 PORCIONES

## INGREDIENTES

8 oz. queso crema
½ taza mayonesa
1 cda. salsa pesto
1 cdita. ajo triturado
½ taza queso parmesano rallado
1 berenjena pequeña troceada y cocida
1 taza alcachofas troceadas
4 aceitunas negras picaditas

1 Calienta el horno a 350°F. En un envase mezcla todos los ingredientes. Coloca en un molde de horneo.

2 Hornea por 20 a 25 minutos. Sirve caliente o frío con galletitas o tostadas.

### OREJITA

Esta receta la puedes preparar en el microondas. Coloca la mezcla en un molde para microondas. Cocina a temperatura máxima (high) por 5 minutos.

# GUACAMOLE

*El aguacate es libre de colesterol y sodio.*

## PREPARACION

15 MIN

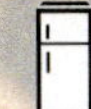

12 PORCIONES

## INGREDIENTES

1 aguacate maduro majado
¼ taza aceite de oliva
½ cda. jugo de limón
½ taza tomate picadito
¼ cdita. ajo triturado
¼ taza cilantrillo picadito
½ cdita. sal

1. Mezcla todos los ingredientes y sazona al gusto. Decora con queso blanco rallado.
2. Sirve con Nachos.

## OREJITA

Perfecto para acompañar tacos o fajitas de carne o pollo.

# PICO DE GALLO

***El tomate es de origen de América del Sur y se cree que fué en México donde se domesticó.***

## PREPARACION

 15 MIN 

20 PORCIONES

## INGREDIENTES

½ taza aceite de oliva
2 tomates maduros, sin semilla ni corteza y cortados en trocitos
¼ taza cebollines o cebolla picadita
½ taza pimiento rojo bien picadito
1 jalapeño picadito (opcional)
1 taza queso blanco en trocitos
1 cdita. ajo triturado
2 cdas. jugo de limón
¼ taza cilantrillo fresco
½ cdita. orégano
sal y pimienta al gusto

1 En un envase mezcla todos los ingredientes, sazona al gusto y sirve con nachos.

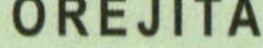

### OREJITA

Deja reposar en el refrigerador por lo menos 1 hora. Añade aguacate picadito al momento de servir.

# REFRITO

***La cebolla es uno de los vegetales comestibles más antiguos, con una historia de sobre 3,500 años.***

**PREPARACION Y COCCION**

 **10 MIN**  **6 MIN**

**10 PORCIONES**

## INGREDIENTES

**¼ taza aceite de oliva**
**½ taza cebolla blanca picadita**
**1 cdita. ajo triturado**
**½ taza cilantrillo fresco picadito**
**2 tazas habichuelas pintas hervidas**
**¼ cdita. comino en polvo**
**sal y pimienta al gusto**

1 En una cacerola echa el aceite de oliva, calienta, echa la cebolla, ajo, cilantrillo y cocina por 2 a 3 minutos. Luego añade las habichuelas, comino, sal y pimienta al gusto.

2 Echa en el procesador de alimentos y mezcla por unos segundos hasta que quede cremoso.

**OREJITA**

Sirve con queso blanco rallado. Perfecto para acompañar tacos y fajitas de carne y pollo.

# SALPICON DE POLLO

***El ketchup no siempre se ha hecho de tomates, típicamente era con setas, hierbas y especias.***

**PREPARACION Y COCCION**

 **15 MIN**  **25 MIN**

**20 PORCIONES**

## INGREDIENTES

**¼ taza aceite de oliva**
**½ taza c/u cebolla, pimiento verde pimiento rojo picadito**
**1 cdita. ajo triturado**
**1 taza repollo verde picadito**
**½ taza vino blanco**
**½ taza salsa dulce (ketchup)**
**2 lt. 10 oz.c/u pechuga de pollo, escurrida y desmenuzada**
**¼ taza aceitunas rellenas rebanadas**
**1 cda. pasas (opcional)**
**sal y pimienta al gusto**

1 En una cacerola echa el aceite de oliva, calienta, echa la cebolla, pimientos , repollo, ajo y cocina por 3 a 5 minutos.

2 Añade el resto de los ingredientes, sazona al gusto, tapa y cocina por 20 minutos.

### OREJITA

Sirve con galletitas, nachos o sobre tostones. Puedes sustituir el pollo por atún o salmón enlatado.

# Emparedados

# BRUSCHETTE DE CAMARONES

*El perejil es una hierba muy alimenticia, mejora las afecciones hepáticas y baja la tensión arterial.*

**PREPARACION Y COCCION**

 **15 MIN**  **20 MIN**

**16 PORCIONES**

## INGREDIENTES

- 1 lb. pan de agua rebanado a lo largo
- 2 tazas tomates picaditos
- 2 tazas camaroncitos pequeños
- ½ taza cebolla picadita
- 1 taza perejil fresco picadito
- 1 taza cilantrillo fresco picadito
- 2 cdas. salsa pesto
- 1 taza aceite de oliva
- 1 cdita. ajo triturado
- 2 tazas queso mozarella rallado
- ½ taza queso parmesano rallado

1. Calienta el horno a 375°F. Abre el pan a lo largo y divide en dos partes. Mezcla todos los ingredientes, excepto los quesos. Unta la mezcla sobre las hogazas de pan. Luego rocía los quesos.

2. Hornea a 375°F hasta que los quesos se derritan. Sirve inmediatamente.

# CROSTINI DE TOMATE

*El tomate es rico en vitaminas C y A, que nos ayudan a protegernos frente a los rayos del sol.*

**PREPARACION Y COCCION**

 **15 MIN**  **15 MIN**

**10 • 12 PORCIONES**

## INGREDIENTES

- **½ lb. pan de agua o pan francés cortado en rueditas**
- **¼ taza aceite de oliva**
- **2 cdas. vinagre balsámico**
- **2 cdas. cebolla morada bien picadita**
- **1 cdita. ajo triturado**
- **¼ taza cilantrillo fresco picadito**
- **1 taza tomate maduro picadito**
- **½ cdita. orégano fresco**
- **sal y pimienta al gusto**
- **¼ taza queso parmesano rallado**
- **1 taza queso mozarella rallado**

1. Calienta el horno a 375°F. Mezcla los quesos y deja aparte.
2. En un envase pequeño mezcla el aceite de oliva con el resto de los ingredientes y sazona al gusto.
3. Coloca la mezcla de tomate sobre las rebanadas de pan y luego coloca la mezcla de quesos.
4. Hornea por 5 a 8 minutos hasta que los quesos se derritan.

### OREJITA

Puedes añadir albahaca fresca picadita y para variar el sabor puedes añadir espinacas frescas picaditas.

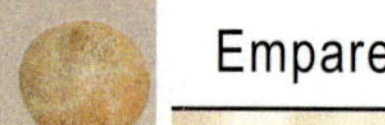



# CROSTINI ITALIANISIMO

*La virtud principal de la alcachofa es la capacidad de sus ácidos para reducir el nivel de colesterol en la sangre.*

**PREPARACION Y COCCION**

 **15 MIN**  **15 MIN**

**20 PORCIONES**

## INGREDIENTES

**1 lb. pan de agua cortado a lo largo**
**¼ taza aceite de oliva**
**½ taza cebolla picadita**
**1 cdita. ajo triturado**
**8 oz. setas portobello rebanadas**
**1 taza alcachofas troceaditas**
**1 cdita. orégano fresco**
**¼ taza aceitunas negras rebanadas**
**4 oz. salami troceadito**
**1 taza mozarella picadito**

1. Calienta el horno a 375°F. Corta el pan en rebanadas y deja aparte.
2. En una sartén echa el aceite de oliva, calienta, echa la cebolla, ajo y saltea 2 a 3 minutos. Añade las setas, alcachofas y saltea de 2 a 3 minutos. Añade el orégano y sazona al gusto.
3. Echa la mezcla sobre las rebanadas de pan. Luego echa las aceitunas, decora con el salami y el queso rallado.
4. Hornea a 375°F por 8 a 10 minutos hasta que el queso se derrita.
5. Sirve inmediatamente.

# EMPAREDADOS DE HUEVOS ESPARRAGOS

***El pan ha sido uno de los alimentos básicos para la alimentación por su valor nutritivo y bajo precio.***

**PREPARACION Y COCCION**

 **20 MIN**  **10 MIN**

**40 PORCIONES**

## INGREDIENTES

**20 rebanadas de pan club**
**8 oz. queso crema**
**1 cdita. ajo triturado**
**¼ taza cilantrillo fresco picadito**
**1 lata espárragos, escurridos y majados**
**4 huevos duros picaditos**
**sal al gusto**

1 Mezcla el queso crema con el resto de los ingredientes. Unta la mezcla sobre el pan y forma los emparedados.

2 Elimina los bordes de los emparedados y corta en cuatro porciones.

# EMPAREDADO DE SALMÓN AHUMADO

***El salmón es un alimento muy sano por su alto contenido en proteínas y su bajo contenido en grasa.***

**PREPARACION**

 **15 MIN** 

**4 PORCIONES**

**INGREDIENTES**

**3 rebanadas de pan**
**2 oz. queso crema**
**3 lascas de salmón ahumado**
**1 cdita. alcaparritas**
**½ cda. cebolla picadita**
**1 cda. mayonesa libre de grasa**
**1 hoja de lechuga troceada**
**2 lascas tomate**

1 Tuesta las rebanadas de pan. Unta queso crema en una de las rebanadas. Luego coloca el salmón ahumado, alcaparritas y cebolla.

2 Unta la mitad de la mayonesa en otra rebanada de pan y coloca sobre el salmón. Luego coloca la lechuga y tomate.

3 Unta el resto de la mayonesa en la última rebanada de pan y coloca sobre los tomates.

4 Corta en 4 porciones. Sirve inmediatamente.

# EMPAREDADO HAWAIANO

***El pan proporciona carbohidratos en forma de almidón, proteínas, aceites y fibras de celulosa.***

**PREPARACION Y COCCION**

 **10 MIN**  **10 MIN**

**1 PORCIONES**

## INGREDIENTES

- 3 rebanadas de pan club tostado
- 2 cdas. mayonesa
- 2 rebanadas queso suizo
- 2 rebanadas jamón
- 2 cdas. mermelada de piña
- 3 walnuts
- 1 hoja de lechuga fresca
- 2 rebanadas de tomate

1 Unta una cucharada de mayonesa sobre una rebanada de pan tostado, coloca el queso suizo y jamón.

2 Unta la mermelada de piña sobre una rebanada de pan tostado, coloca sobre el jamón. Luego coloca la lechuga, tomates y walnuts.

3 Unta la otra cucharada de mayonesa a la última rebanada de pan tostado y coloca sobre los tomates.

4 Corta en cuatro porciones.

# EMPAREDADOS DE ATUN Y CELERY

***El celery es una fuente excelente de vitamina C que ayuda a sostener el sistema inmunológico.***

**PREPARACION Y COCCION**

 **20 MIN** 

**40 PORCIONES**

## INGREDIENTES

**20 rebanadas de pan club**
**2 latas 6 oz. atún blanco**
**16 oz. queso crema**
**¼ taza relish**
**½ taza cebolla picadita**
**1 taza celery picadito**
**½ taza mayonesa**
**sal al gusto**

1 En un envase mediano mezcla el atún con el resto de los ingredientes y sazona al gusto.

2 Unta la mezcla al pan y forma los emparedados.

3 Elimina los bordes de los emparedados y corta en 4 porciones.

4 Sirve inmediatamente.

**OREJITA**

Puedes preparar con pan tostado y añadir ensalada fresca.

# EMPAREDADOS DE HUEVO Y QUESO

***La historia del huevo como alimento corre paralela a la historia de personas que consumen pollo como alimento.***

**PREPARACION Y COCCION**

 **20 MIN**  **10 MIN**

**40 PORCIONES**

**INGREDIENTES**

**20 rebanadas de pan club**
**6 huevos duros picaditos**
**¼ taza bacon bits o tocineta frita**
**8 oz. queso crema**
**¼ taza queso parmesano rallado**

1 En un envase mediano mezcla el queso crema hasta suavizar. Añade los huevos y el resto de los ingredientes. Unta la mezcla en los panes y forma los emparedados.

2 Elimina los bordes de los emparedados y corta en 4 porciones.

3 Sirve inmediatamente.

# EMPAREDADOS DE MEZCLA

***El pimiento morrón se destaca por su contenido en provitamina A, esencial para la piel y el cabello.***

## PREPARACION

 20 MIN 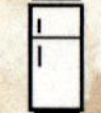

**40 PORCIONES**

## INGREDIENTES

20 rebanadas de pan club

MEZCLA DE CARNE Y QUESO:

1 lata 12 oz. carne fiambre
1 barra de mantequilla
1 taza sandwich spread
1 lb. queso americano
2 pimientos morrones picaditos

1 En el procesador de alimentos mezcla todos los ingredientes hasta unir y formar una mezcla cremosa.

2 Unta la mezcla al pan y forma los emparedados.

3 Elimina los bordes de los emparedados y corta en cuatro porciones.

4 Sirve inmeditamente.

# EMPAREDADOS DE PEPINILLOS

*La fibra en el pepinillo, contribuye a reducir las tasas de colesterol en sangre.*

**PREPARACION**

 **15 MIN** 

**40 PORCIONES**

## INGREDIENTES

**20 rebanadas de pan club**
**2 tazas pepinillos bien picaditos (sin corteza ni semillas)**
**8 oz. queso crema**
**2 cditas. ajo triturado**
**2 cdas. mayonesa**
**¼ taza cilantrillo**
**½ taza cebollines**

1 En un envase mediano mezcla el queso crema, ajo y la mayonesa. Añade los pepinillos y el resto de los ingredientes. Unta la mezcla sobre las rebanadas de pan y forma los emparedados.

2 Elimina los bordes de los emparedados y corta en 4 porciones.

3 Sirve inmediatamente.

# ROLLITOS DE CARNE

***El pastrami se creó como un método para preservar carne en tiempos antes de los métodos de refrigeración.***

## PREPARACION

 **15 MIN** 

**20 PORCIONES**

## INGREDIENTES

**1 lb. pan de agua abierto a lo largo en forma de libro**

MEZCLA DE QUESO CREMA

**1 pqt. 8 oz. queso crema**
**1 cdita. ajo triturado**
**¼ taza cilantrillo fresco**
**2 cdas. mayonesa**
**pizca de sal**
**4 oz. espinacas frescas, limpias**
**4 lascas pastrami**
**4 lascas jamón ahumado**
**4 lascas pechuga de pavo**

1 En un envase mediano mezcla el queso crema, ajo, cilantrillo, mayonesa y sazona al gusto.

2 Corta el pan a lo largo en forma de libro. Unta la mezla sobre el pan. Coloca las espinacas, luego los cortes de carne. Enrolla y cubre con papel de aluminio o papel encerado. Deja en el refirigerador por lo menos 1 hora.

3 Corta en rueditas y sirve.

# ROLLITOS DE ESPARRAGOS

*La albahaca refuerza el sistema nervioso y tranquiliza sus manifestaciones adversas en el estómago.*

## PREPARACION

 20 MIN 

**40 PORCIONES**

## INGREDIENTES

**20 rebanadas de pan club**
**1 lata espárragos enteros escurridos**
MEZCLA DE QUESO:
**8 oz. queso crema**
**1 cdita. ajo triturado**
**¼ taza hierbas frescas**
**(cilantrillo, orégano, albahaca)**

1 Elimina la corteza del pan y aplana cada rebanada de pan con un rodillo.

2 Unta la mezcla de queso crema a cada rebanada y coloca un espárrago en el centro de cada rebanada de pan y enrolla.

3 Envuelve cada rollito con papel encerado y deja reposar por lo menos 1 hora.

4 Corta cada rollito en dos trozos y sirve.

# TOSTADA CON HIERBAS

*El ajo incrementa ligeramente el nivel de serotonina en el cerebro ayudando a combatir el estrés y la depresión.*

**PREPARACION Y COCCION**

 **15 MIN**  **8 MIN**

**20 PORCIONES**

## INGREDIENTES

- 1 lb. pan de agua o francés
- ½ taza mayonesa
- ¼ taza aceite de oliva
- 1 cdita. ajo triturado
- ½ taza queso parmesano rallado
- 1 taza hierbas frescas (albahaca, cilantrillo, orégano)

1 Calienta el horno a 375°F. Rebana el pan y deja aparte.

2 Mezcla todos los ingredientes y unta la mezcla sobre el pan.

3 Coloca las rebanadas de pan sobre una bandeja de horneo con parrillita y hornea por 5 a 8 minutos hasta que queden doraditas.

**OREJITA**

Puedes utilizar pan integral y hacer tu combinación de hierbas preferidas.

# Aderezos y Ensaladas

# ADEREZO CESAR

***El nombre César proviene de César Cardini, italiano radicado en México, chef creador de la receta.***

**PREPARACION Y COCCION**

 **10 MIN** 

**6 PORCIONES**

## INGREDIENTES

**1 huevo crudo**
**1 cdita. ajo triturado**
**1 cda. mostaza**
**2 cdas. queso parmesano rallado**
**¾ taza aceite de oliva**
**½ cda. jugo de limón**
**¼ taza vinagre balsámico**
**1 cdita. salsa inglesa**
**1 cdita. pasta de anchoas o filetitos de anchoas**
**sal y pimienta al gusto**

1 En un envase mediano mezcla el huevo con el ajo, mostaza y bate hasta que quede cremoso.

2 Añade el queso parmesano y luego añade el aceite de oliva poco a poco para que quede cremoso. Luego añade el jugo de limón, vinagre, salsa inglesa, anchoas, sal y pimienta al gusto.

**OREJITA**

Recuerda mantener el aderezo en el refrigerador hasta el momento de servir.

# ADEREZO DE AGUACATE

*Esta antigua fruta azteca (que llaman ahuacalt) es famosa por su textura mantequillosa y sutil sabor a nuez.*

**PREPARACION**

10 MIN
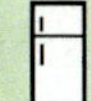

**8 PORCIONES**

**INGREDIENTES**

1 taza crema agria o mayonesa
1 taza aguacate maduro majado
1 cdita. jugo de limón
1 cdita. ajo
¼ taza cilantrillo picadito
sal al gusto

1 En un envase mediano mezcla todos los ingredientes y sazona al gusto. Sirve frío.

# ADEREZO DE CILANTRO CREMOSO

*La mayonesa se origina, según varias fuentes, en Francia para el año 1756.*

**PREPARACION**

5 MIN

**6 PORCIONES**

**INGREDIENTES**

1 taza mayonesa
½ taza cilantrillo fresco picadito
1 cdita. ajo triturado
½ taza crema espesa
1 cdita. jugo de limón
sal al gusto

1 En un envase mediano mezcla todos los ingredientes hasta que quede cremoso y sazona al gusto.

2 Sirve con ensaladas verdes.

# ADEREZO DE CHINA O NARANJA

*La fruta de china o naranja es extensamente cultivada en países mediterráneos y otras partes del mundo.*

**PREPARACION**

 10 MIN 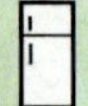

6 PORCIONES

**INGREDIENTES**

8 oz. queso crema
1 taza jugo de china o naranja
½ taza crema espesa
¼ taza aceite de oliva puro
¼ taza azúcar
sal al gusto

1 En el procesador de alimentos mezcla todos los ingredientes hasta que quede cremoso y sazona al gusto. Deja en el refrigerador hasta el momento de servir.

# ADEREZO DE FRESAS

*Las fresas eran valoradas en tiempos romanos por sus propiedades terapéuticas.*

**PREPARACION**

 10 MIN 

6 PORCIONES

**INGREDIENTES**

½ taza mermelada de fresa
1 cdita. ajo
½ cda. jugo de limón
¼ taza vinagre de vino
1 taza aceite de oliva puro
sal al gusto

1 En un envase mediano echa la mermelada, ajo, jugo de limón, vinagre y mezcla hasta que quede cremoso. Añade el aceite poco a poco hasta que quede cremoso y sazona al gusto. Deja en el refrigerador hasta el momento de servir.

# ADEREZO DE MANGO

*El mangó es una rica fuente de hierro, vitamina A, B y C.*

## PREPARACION

 15 MIN 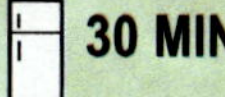 30 MIN

6 PORCIONES

## INGREDIENTES

**1 taza mangó maduro triturado**
**½ cda. jugo de limón**
**1 cdita. mostaza**
**½ taza crema espesa**
**¼ taza aceite de oliva puro**
**¼ taza queso crema**
**1 cda. azúcar**
**sal al gusto**

1 En el procesador de alimentos mezcla todos los ingredientes hasta que quede cremoso. Deja en el refrigerador hasta el momento de servir.

## OREJITA

Para ahorrar calorías puedes utilizar queso crema libre de grasa y endulzador artifical. Sirve con ensaladas verdes o vegetales.

# ADEREZO DE MIEL Y MOSTAZA

*La miel es alrededor de un 20% agua y un 80% azúcar.*

## PREPARACION

 10 MIN 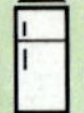

4 PORCIONES

## INGREDIENTES

½ taza mayonesa
¼ taza mostaza
¼ taza miel
½ cda. jugo de limón
2 cdas. crema espesa

1 En un envase pequeño mezcla todos los ingredientes y sirve frío.

# ADEREZO DE PIÑA

*La piña, descubierta en Brazil para el siglo XVI, se cultiva mucho en las Antillas, Africa y Asia.*

## PREPARACION

 10 MIN 

6 PORCIONES

## INGREDIENTES

8 oz. queso crema
½ pt. jugo de piña concentrado
½ taza yogur
1 cdita. ajo
sal al gusto

1 En el procesador de alimentos mezcla todos los ingredientes del aderezo hasta que quede cremoso y sazona al gusto.

# ADEREZO DE QUESO AZUL

*Un buen queso azul, es cremoso en apariencia, elástico, más que grasoso.*

**PREPARACION**

 10 MIN 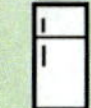

6 PORCIONES

### INGREDIENTES

8 oz. queso crema
1 taza queso azul
1 taza yogur plain
1 cdita. ajo triturado
¼ taza vinagre de vino blanco
sal al gusto

1 En el procesador de alimentos mezcla todos los ingredientes hasta que quede cremoso.

# ADEREZO DE QUESO BLANCO

*La mostaza es un condimento que puede sazonar de maneras diferentes, con estragón, ajo y cítricos.*

**PREPARACION**

 10 MIN 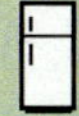

6 PORCIONES

### INGREDIENTES

7 oz. queso del país troceadito
1 taza crema ligera
1 cda. mostaza
1 cda. vinagre
1 cdita. ajo
sal al gusto

1 En el procesador de alimentos mezcla todos los ingredientes hasta que quede cremoso.

2 Sazona al gusto y sirve frío sobre ensaladas.

# ADEREZO ITALIANO

*El ajo favorece la digestión, estimula el hígado, la vesícula y el páncreas.*

**PREPARACION**

 **10 MIN** 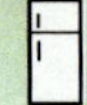

**6 PORCIONES**

## INGREDIENTES

1 taza aceite de oliva
½ taza salsa italiana
1 cdita. ajo triturado
¼ taza vinagre de vino
2 cdas. agua
sal al gusto

1. En un envase pequeño mezcla todos los ingredientes y sazona al gusto. Sirve con ensaladas verdes.

**OREJITA**

Recuerda mantener en el refrigerador hasta el momento de servir.

# ADEREZO MEJICANO

*Desde tiempos antiguos, el olivo y el aceite de oliva son esenciales en nutrición y preparación de comidas.*

**PREPARACION**

 10 MIN 

**6 PORCIONES**

## INGREDIENTES

½ taza aceite de oliva puro
½ taza salsa mejicana
¼ taza vinagre de vino
½ cdita. comino
1 cdita. ajo triturado
1 cda. jugo de limón
sal a gusto

1 En un envase pequeño mezcla todos los ingredientes y sazona al gusto.

2 Sirve con ensaladas verdes.

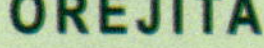

**OREJITA**

Recuerda mantener el aderezo en el refrigerador hasta el momento de servir.

# ADEREZO MIL ISLAS

*Cuando más fresco esta un huevo, es cuando su yema esta centralizada.*

**PREPARACION Y COCCION**

 **10 MIN**  **10 MIN**

**6 PORCIONES**

## INGREDIENTES

**4 huevos duros picaditos o majados**
**½ taza mayonesa**
**½ taza salsa dulce (ketchup)**
**½ taza crema espesa**
**¼ taza cebolla blanca picadita**
**½ taza pimiento morrón picadito**
**1 cda. indian relish**
**sal al gusto**

1 En un envase mediano mezcla todos los ingredientes y sazona al gusto.

2 Deja en el refrigerador hasta el momento de servir.

### OREJITA

Para ahorrar calorías puedes eliminar la salsa dulce y utilizar salsa de tomate y sustituir la crema espesa por leche desnatada.

# ADEREZO ORIENTAL

*Desde su origen en el sureste asiático, el jengibre es cultivado por su aroma picante.*

## PREPARACION

 10 MIN 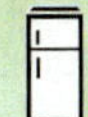

6 PORCIONES

## INGREDIENTES

**½ taza aceite de oliva puro**
**½ taza jugo de china**
**2 cdas. miel**
**2 cditas. salsa soya**
**2 cditas. jengibre fresco rallado**
**sal al gusto**

1 En un envase pequeño mezcla todos los ingredientes y sazona al gusto.

2 Sirve con ensaladas verdes

## OREJITA

Deja en el refrigerador hasta el momento de servir.

# COLESLAW

***Reconocido en Europa hace más de 4,000 años, el repollo originalmente fue valorado por sus propiedades medicinales.***

## PREPARACION

 15 MIN 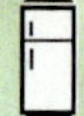

**6 PORCIONES**

## INGREDIENTES

**4 tazas repollo verde rallado**
**1 taza zanahoria rallada**
ADEREZO:
**1 taza mayonesa**
**1 cda. azúcar**
**½ cdita. sal**
**1 cda. mostaza**
**1 cdita. horseradish sauce (opcional)**
**2 cdas. aceite de maíz**
**½ cda. jugo de limón**

1 Ralla el repollo y la zanahoria. En una ensaladera mezcla el aderezo con el resto de los ingredientes y deja en el refrigerador hasta el momento de servir.

Puedes variar el sabor añadiendo celery seed o poppy seed.

# ENSALADA A LA ITALIANA

*Todas las lechugas tienen alto contenido de agua y son bajas en calorías.*

## PREPARACION

 15 MIN 

6 PORCIONES

## INGREDIENTES

1 lb. lechuga romana o escarola troceada
½ taza pimiento morrón picadito
2 tazas habichuelas blancas cocidas
½ libra "cold cuts" (mortadella o salami)
queso parmesano rallado
¾ taza aderezo italiano (ver Aderezos)

1 En una ensaladera echa todos los ingredientes y mezcla.

2 Añade el aderezo al momento de servir.

### OREJITA

Recuerda no añadir el aderezo hasta el momento de servir para que la lechuga mantenga su textura crujiente.

# WRAP DE ENSALADA MEJICANA

***Por miles de años, los griegos y los romanos cultivaban lechugas por los jugos lechosos que emanan cuando se cortan .***

## PREPARACION

 20 MIN 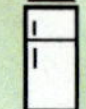

**6 PORCIONES**

## INGREDIENTES

**1 pqt. Tortillas de trigo OLD EL PASO®**
**1 pote Refrito OLD EL PASO®**

ENSALADA:

**1 lb. lechuga romana troceada**
**2 tazas habichuelas negras cocidas**
**4 cebollines picaditos**
**1 taza queso cheddar rallado**
**2 filetes de pechugas adobados con:**
**1 sobre de Seasoning Mix OLD EL PASO®, asados y cortados en tiritas**

ADEREZO:

**½ taza aceite de oliva puro**
**½ taza salsa de taco OLD EL PASO®**
**¼ taza vinagre de vino**
**½ cdita. comino**
**1 cdita. ajo triturado**
**1 cda. jugo de limón**
**sal a gusto**

1 Adoba los filetes de pechuga con el Seasoning Mix **OLD EL PASO®**. Prepara a la plancha o en la barbacoa y corta en tiritas.

2 En un envase mezcla la Salsa de taco **OLD EL PASO®** con el resto de los ingredientes del aderezo y sazona al gusto. Deja aparte.

3 En una ensaladera grande echa todos los ingredientes de la ensalada y añade el aderezo.

4 Calienta una tortilla de trigo **OLD EL PASO®**, unta dos cucharadas de Refrito **OLD ELPASO®** y echa ensalada en el centro de la tortilla. Enrolla y sirve. Repite el procedimiento con cada tortilla.

## OREJITA

Puedes sustituir el filete de pechuga por flanksteak en tiritas.

OLD EL PASO®

# Con Old El Paso® comes mexicano ahora. No ahorita.

## FAJITAS DE POLLO FÁCILES

1 lb de pechuga de pollo en tiras • 1 pote de 16 oz de Old El Paso® Thick n' Chunky Mild Salsa
1 sobre de Old El Paso® Fajita Seasoning Mix • 1 pimiento morrón en tiras • 1 cebolla en tiras
1 cucharada de aceite de oliva • 1 paquete de tortillas de harina Old El Paso® para tacos suaves • 1/2 taza de agua

1. Sofríe el pollo en una cda. de aceite hasta dorarlo.
2. Añade cebolla, pimiento, agua y el sobre de Old El Paso® Fajita Seasoning Mix. Sofríe hasta que los vegetales estén dorados.
3. Calienta las tortillas. Rellénalas y añádeles Old El Paso® Thick n' Chunky Mild Salsa. Enróllalas y saboréalas.

Disfruta con tu familia una deliciosa comida mexicana rápida y fácil.

# ENSALADA CESAR

***Esta famosa ensalada fue creada en México por César Gardini, italiano, en la celebración del 4 de julio de 1924.***

**PREPARACION**

 **20 MIN** 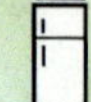

**6 PORCIONES**

**INGREDIENTES**

**1 lb. lechuga romana troceada**
**½ taza queso parmesano rallado**
**1 taza croutons**
**¾ taza Aderezo César (ver Aderezos)**

1 En una ensaladera mediana mezcla todos los ingredientes y añade el aderezo al momento de servir.

**OREJITA**

Puedes variar la receta añadiendo tiritas de pollo asada, tiritas de flanksteak o tiritas de filete de salmón ahumado.

# ENSALADA CHEF

*Teóricamente, las zanahorias no deben ser peladas o raspadas, ya que las vitaminas se concentran en la cáscara.*

## PREPARACION

 20 MIN 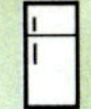

6 PORCIONES

## INGREDIENTES

- 1 lb. lechuga romana picadita
- 4 huevos duros cortados en medias lunas
- 6 lascas queso suizo cortadas en trocitos
- 6 lascas queso cheddar cortadas en trocitos
- 2 tomates rebanados y troceados
- 1 taza zanahoria rallada
- 1 taza Aderezo de Miel y Mostaza (ver Aderezos)

1 En una ensaladera echa todos los ingredientes de la ensalada. Añade el aderezo al momento de servir.

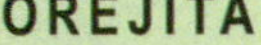

## OREJITA

Puedes seleccionar tu aderezo preferido para cambiar el sabor.

# ENSALADA DE ESPINACAS

*Las espinacas son el clásico acompañamiento para ternera y aves, así como tartas y paté.*

**PREPARACION**

 **20 MIN** 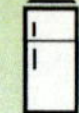

**6 PORCIONES**

**1 lb. espinacas frescas**
**½ lb. tocineta frita o preparada al microondas**
**1 cebolla morada cortada en rueditas**
**1 taza queso feta desmenuzado**
**1 lb. filetitos de pechuga salteados**
**2 huevos duros cortados en rueditas**

**ADEREZO:**

**1 taza aceite de oliva virgen**
**2 cdas. mostaza**
**2 cdas. vinagre balsámico**
**1 cdita. jugo de limón**
**2 cditas. ajo triturado**

**OREJITA**

Puedes utilizar pechuga de pollo enlatada y sustituir la tocineta por bacon bits.

1. En una cacerola pequeña calienta dos tazas de agua y cocina los huevos por 5 a 7 minutos. Deja refrescar y corta en rueditas.
2. En una ensaladera mezcla todos los ingredientes de la ensalada, excepto, el aderezo.
3. Mezcla los ingredientes del aderezo y añade a la ensalada al momento de servir.

# ENSALADA DE MAIZ

***El maíz fue descubierto en América por Cristóbal Colón y llevado a Europa por Hernán Cortés.***

## PREPARACION

 **15 MIN** 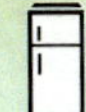

**8 PORCIONES**

## INGREDIENTES

**4 tazas maíz tierno, escurrido**
**4 tazas tomate troceadito**
**1 taza pimiento verde troceadito**
**1 taza pimiento rojo troceadito**
**1 cdita. ajo triturado**
**½ taza cilantrillo fresco picadito**
**1 taza aceite de oliva**
**¼ taza vinagre de vino**

1 En una ensaladera echa todos los ingredientes y sazona al gusto.

2 Deja en el refrigerador hasta el momento de servir.

### OREJITA

Puedes utilizar maíz fresco, enlatado o congelado. Para variar el sabor la puedes servir con un aderezo de miel y mostaza.

# ENSALADA DE PAPAS Y BACALAO

***La delicadeza de su carne, extremadamente fina y blanca, hace del bacalao un pescado excepcional.***

## PREPARACION

 **15 MIN** **20 MIN**

## INGREDIENTES

**4 huevos duros picaditos**
**6 tazas papas hervidas y troceaditas**
**1 lb. bacalao desalado**
**¼ taza aceitunas rellenas rebanadas**
**1 taza pimiento morrón picadito**
**2 tazas guisantes**
**½ taza cilantrillo picadito**
**¾ taza mayonesa HELLMANN'S®**
**2 dientes ajo triturados**
**sal y pimienta al gusto**

1 En una cacerola grande echas las papas troceadas. Añade agua hasta cubrirlas y añade 2 cucharaditas de sal. Cocina por 20 minutos. Escurre y deja enfriar.

2 En una ensaladera grande echa las papas frías con la mayonesa **HELLMANN'S®** y el resto de los ingredientes y sazona al gusto.

3 Deja en el refrigerador hasta el momento de servir.

## OREJITA

Puedes sustituir el bacalao por pechuga de pollo fresca, asada y troceada o enlatada.

¡Sab
r!

"BRING OUT THE BEST"
HELLMANN'S
REAL
MAYONNAISE

Hellmann's. El sabor que hace la diferencia.

# ENSALADA DE PEPINILLOS

***El pepinillo es 96% agua con bajo valor calorífico, más contiene minerales y vitamina A y C.***

## PREPARACION

 **15 MIN** 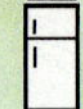

**8 PORCIONES**

## INGREDIENTES

**4 tazas pepinillos sin corteza frescos, ni semillas, picaditos**
**2 tazas yogur**
**1 cda. jugo de limón**
**½ taza cilantrillo o eneldo (dill) picadito**
**1 cdita. ajo triturado**
**sal al gusto**

1 En una ensaladera mediana echa todos los ingredientes y sazona al gusto.

## OREJITA

Para variar puedes combinar el yogur con queso crema, la misma cantidad, para que quede más cremoso.

# ENSALADA DE PEPINILLOS Y GARBANZOS

***Originales de las Himalayas donde nacían silvestres, los pepinillos son cultivados en India por más de 3,000 años.***

## PREPARACION

 **15 MIN** 

**6 • 8 PORCIONES**

## INGREDIENTES

- **4 tazas pepinillos sin corteza ni semilla y cortaditos en cuadritos**
- **4 tazas garbanzos cocidos**
- **2 tazas tomates picaditos**
- **1 taza pimiento rojo picadito**
- **½ taza cilantrillo fresco picadito**
- **½ taza aceite de oliva**
- **¼ taza vinagre de vino**
- **1 cdita. ajo triturado**
- **sal al gusto**

1. En una ensaladera mezcla todos los ingredientes y sazona al gusto.
2. Deja en el refrigerador hasta el momento de servir.

## OREJITA

Puedes utilizar garbanzos secos y cocinarlos. Luego mide las 4 tazas. Puedes añadir aguacate maduro troceadito al momento de servir.

# ENSALADA DE PULPO Y ARROZ

***El pulpo se recomienda comprar en porciones de 4 lbs; siendo en 1.5 lb. a 2lb. lo ideal en ternura.***

**PREPARACION Y COCCION**

 **10 MIN**

 **20 MIN**

**8 PORCIONES**

## INGREDIENTES

**1 lb. pulpo cocido y troceadito**
**2 tazas arroz grano mediano cocido**
**½ taza pimiento verde picadito**
**½ taza pimiento rojo picadito**
**¼ taza cebolla picadita**
**1 cdita. ajo triturado o picadito**
**½ taza cilantrillo fresco**
**¼ taza alcaparritas**
**¼ taza aceitunas rellenas rebanadas**
**½ taza aceite de oliva puro**
**¼ taza vinagre**
**sal al gusto**
**1 aguacate maduro picadito**

1 Prepara el arroz con anticipación y deja enfriar. En una ensaladera echa el arroz con el resto de los ingredientes y sazona al gusto. Añade el aguacate picadito al momento de servir.

2 Sirve sobre ensalada verde.

## OREJITA

Puedes servir sobre lechugas frescas. Rellenar un aguacate maduro,o acompañar con tostones o rellenar mofongo.

# ENSALADA DE YUCA AL PEREJIL

*El perejil es oriundo del sur de Europa y se cultiva por su aroma rico para sazonar gran variedad de platos.*

**PREPARACION Y COCCION**

 **15 MIN**  **20 MIN**

**8 PORCIONES**

## INGREDIENTES

**6 tazas de yuca hervida y troceadita**
**1 taza aceite de oliva puro**
**½ taza vinagre**
**½ taza cebolla blanca cortada en cuadritos**
**1 taza pimiento rojo picadito**
**1 masito de perejil picadito**
**1 cdita. ajo triturado**
**jugo de un limón**

1 En una cacerola grande echa 2 litros de agua , 2 cucharaditas de sal y calienta hasta hervir. Echa las yucas y cocina por 20 minutos. Escurre , deja refrescar y luego corta en trocitos. Mide 6 tazas.

2 En una ensaladera echa la yuca hervida con el resto de los ingredientes y sazona al gusto.

3 Deja en el refrigerador hasta el momento de servir.

**OREJITA**

Perfecta para acompañar carnes o aves asadas o preparadas a la barbacoa.

# ENSALADA VERDE A LA ORIENTAL

*Las nueces tienen alto contenido calorífico y son ricas en grasas y proteínas.*

## PREPARACION

 15 MIN 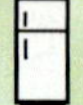

6 PORCIONES

## INGREDIENTES

1 lb. lechuga romana troceada
½ taza walnuts
1 taza chinitas mandarinas en gajitos
8 lascas de tocineta frita y troceadita
¾ taza Aderezo Oriental
(ver Aderezos)

1 En una ensaladera mezcla todos los ingredientes de la ensalada y añade el aderezo al momento de servir.

## OREJITA

Puedes utilizar bacon bits para sustituir las tocineta y añadir tallarines o fideos fritos.

# ENSALADA CON ADEREZO DE MANGO

*Las aceitunas negras son cosechadas cuando las aceitunas están maduras.*

**PREPARACION**

 **15 MIN** 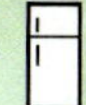

**6 PORCIONES**

## INGREDIENTES

**1 lb. lechuga romana troceada**
**½ taza aceitunas negras sin hueso, rebanadas**
**2 tazas garbanzos hervidos**
**2 tazas mangó maduro troceado**
**½ taza pimiento morrón picadito**
**½ taza queso parmesano rallado**
**¾ taza Aderezo de Mangó (ver Aderezos)**

1 En una ensaladera mezcla todos los ingredientes y añade el aderezo al momento de servir.

**OREJITA**

Recuerda no añadir el aderezo hasta el momento de servir para que la lechuga mantenga su textura crujiente.

# ENSALADA DE SALMON Y FRESAS

***El rico sabor del salmón combina muy bien con otros sabores, hasta con los más fuertes.***

## PREPARACION

 **20 MIN** 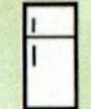

**6 PORCIONES**

## INGREDIENTES

- **1 lb. lechuga romana troceadita**
- **8 oz. fresas rebanadas**
- **¼ taza pimienta rosada molida**
- **1 taza walnuts**
- **½ lb. filete de salmón preparado a la plancha y troceado**
- **¾ taza Aderezo de Fresas (ver Aderezos)**

1 Prepara el salmón a la plancha y corta en trocitos.

2 En una ensaladera echa la lechuga, el salmón y el resto de los ingredientes.

3 Aañade el aderezo al momento de servir.

### OREJITA

Puedes sustituir el salmón fresco por filetitos de salmón ahumado.

# Entremeses

# BOLITAS DE CARNE

***La carne contiene 20% proteína y aminoácidos esenciales más sales minerales, hierro, fósforo y vitamina B 12.***

**PREPARACION Y COCCION**

 **15 MIN**  **20 MIN**

**20 • 25 PORCIONES**

## INGREDIENTES

**1 ½ lb. carne de res molida**
**1 ½ taza pan triturado**
**½ taza leche**
**1 ½ cdita. ajo triturado**
**¼ cdita. orégano fresco**
**1 ½ cdita. sal**
**pimienta al gusto (opcional)**

1 En un envase mediano echa el pan, leche y mezcla hasta que el pan esté blando. Añade la carne, el resto de los ingredientes y mezcla hasta unir. Coge la mezcla por cucharadas y forma las bolitas. Fríe en aceite hasta que queden doraditas.

2 Añade tu salsa favorita.

**OREJITA**

Puedes cambiar la carne de res por ternera o pollo molido.

# BOLITAS DE ESPINACAS

***La espinaca se come mayormente cocida, pero es muy nutritiva cuando se come fresca y tierna.***

**PREPARACION Y COCCION**

 **15 MIN**  **20 MIN**

**20 PORCIONES**

## INGREDIENTES

- **10 oz. espinacas frescas, cocidas y bien escurridas**
- **4 oz. queso crema**
- **¾ taza galleta molida**
- **¼ taza queso parmesano rallado**
- **1 cdita. ajo triturado**
- **pizca nuez moscada**
- **sal y pimienta al gusto**

1 Cocina las espinacas al vapor o cocina en agua hirviendo por unos segundos. Escurre bien, coloca sobre papel absorbente y elimina todo el exceso de agua. Corta las espinacas en trocitos.

2 Calienta el horno a 350°F. Engrasa una bandeja de horneo o coloca una hoja de papel de horneo sobre la bandeja.

3 En un envase mediano mezcla las espinacas con el resto de los ingredientes. Forma las bolitas y coloca en la bandeja de horneo. Hornea por 15 minutos. Sirve calientitas.

**OREJITA**

Puedes añadir tocineta frita picadita o bacon bits.

# CHORIZOS AL JEREZ

*Los chorizos generalmente consisten de carne de cerdo, grasa, sazonados con especias y condimentos.*

**PREPARACION Y COCCION**

 **15 MIN**  **20 MIN**

**16 PORCIONES**

## INGREDIENTES

**¼ taza aceite de oliva**
**½ taza cebolla, pimiento rojo y pimiento verde picadito**
**2 cditas. ajo picadito**
**½ taza cilantrillo picadito**
**1 cda. pasta de tomate**
**½ taza vino jerez**
**un chorrito de cogñac**
**1 cda. harina de trigo**
**½ taza caldo de pollo**
**8 chorizos grande rebanados**
**sal y pimienta al gusto**

1 En una sartén echa el aceite de oliva, calienta a temperatura mediana, echa los chorizos y saltea por varios minutos. Deja aparte.

2 En la misma sartén echa la cebolla, pimientos, ajo y cocina a temperatura mediana por 2 a 3 minutos. Añade la pasta de tomate, vino jerez y cogñac. Luego añade la harina de trigo, caldo de pollo y los chorizos salteados. Sazona al gusto y sirve.

**OREJITA**

Esta receta la puedes preparar con tu embutido favorito.

# GUINEITOS EN ESCABECHE

***El guineo verde contiene más almidón y menos azúcar que el maduro.***

**PREPARACION Y COCCION**

 **15 MIN**  **35 MIN**

**24 PORCIONES**

## INGREDIENTES

**24 guineitos verdes hervidos y rebanados**
**½ taza pimiento rojo picadito**
**1 taza zanahorias rebanadas y cocidas**
**SALSA DE ESCABECHE:**
**2 tazas aceite de oliva virgen**
**½ taza vinagre**
**12 granitos de pimienta**
**4 hojas de laurel**
**3 tazas cebolla picadita**
**12 dientes ajos rebanados**

1 En una cacerola grande echa 2 litros de agua y sal al gusto. Calienta hasta hervir. Echa los guineitos y cocina por 20 minutos. Escurre, deja enfriar y corta en rueditas.

2 En una cacerola mediana echa todos los ingredientes de la salsa de escabeche y cocina a temperatura mediana por 10 a 12 minutos, hasta que las cebollas estén tiernas. Deja enfriar.

3 En un envase grande de cristal echa la salsa, añade el resto de los ingredientes y sazona al gusto.

### OREJITA

Deja en el refrigerador hasta el momento de servir. Puedes añadir al final el jugo de un limón.

# MOLLEJITAS

*Las mollejitas se pueden comer guisadas, fritas o asadas.*

**PREPARACION Y COCCION**

 20 MIN  1 HR 15 MIN

**20 PORCIONES**

## INGREDIENTES

2 lbs. mollejitas de pollo limpias y cortadas a la mitad
4 tazas agua
2 cubitos de pollo
2 cdas. sofrito

SALSA:

¼ taza aceite de oliva
2 cdas. mantequilla
½ taza cebolla picadita
1 cdita. ajo
½ taza salsa de tomate
1 sazonador con culantro y achiote
¼ taza cilantrillo fresco picadito
2 cdas. vino jerez
1 cdita. salsa picante (opcional)
1 taza líquido de las mollejitas

1 Limpia las mollejitas, corta a la mitad a lo largo, limpia en agua con vinagre o jugo de limón y escurre.

2 En una cacerola mediana echa el agua, cubitos, mollejitas, sofrito y cocina a temperatura mediana por 1 hora hasta que ablanden. Luego escurre y reserva una taza del líquido para añadir a la salsa.

3 En una cacerola mediana echa el aceite de oliva y mantequilla, calienta a temperatura mediana, echa la cebolla, ajo, y cocina por 2 a 3 minutos. Añade las mollejitas, el resto de los ingredientes y sazona al gusto. Cocina a temperatura mediana por 10 minutos.

### OREJITA

Puedes espesar añadiendo a la salsa 1 cucharada de harina.

# QUESADILLAS DE POLLO

*El pollo es bien digerible, contiene poca grasa, muy rico en hierro y bajo en calorías.*

**PREPARACION Y COCCION**

 15 MIN  20 MIN

30 PORCIONES

## INGREDIENTES

1 pqt. 10 tortillas de trigo
2 ½ tazas filete de pechuga de pollo asadas y cortadas en tiritas
1 taza salsa mejicana
2 tazas queso monterrey o cheddar rallado
refrito (ver Dips)

1 Unta el refrito a una tortilla y luego coloca unas tiritas de pollo y quesos. Unta salsa a otra tortilla y coloca sobre la otra plantilla. Repite el procedimiento con las otras tortillas hasta formar 5 quesadillas.

2 Prepara a la sartén o al horno hasta que queden doraditas. Corta en triángulos y sirve inmediatamente.

**OREJITA**

Puedes acompañar con guacamole. Para variar sigue esta receta utilizando vegetales troceaditos y salteados.

# ROLLITOS DE SALMON

*El mejor momento para comer el salmón es cuando no pasa de tres años y su piel es bien brillante.*

**PREPARACION Y COCCION**

 **15 MIN** 

**12 PORCIONES**

## INGREDIENTES

**4 tortillas de trigo**
**8 oz. queso crema**
**1 cdita. ajo**
**¼ taza cebolletas picaditas (chives)**
**12 lascas grandes filete de salmón ahumado**

1 En un envase mediano mezcla el queso crema con el ajo y las cebolletas.

2 Unta una cuarta parte de la mezcla de queso sobre una tortilla y luego coloca las lascas de salmón ahumado. Enrolla y cubre con papel de aluminio. Repite el procedimiento con cada tortilla.

3 Deja en el refrigerador por lo menos una hora. Corta en rueditas y sirve.

**OREJITA**

Puedes variar esta receta utilizando cilantrillo fresco o añadir alcaparritas a la mezcla de queso.

# ROLLO DE POLLO CON REPOLLO

*El repollo es bien bajo en calorías y rico en sales minerales y vitaminas.*

**PREPARACION Y COCCION**

 **15 MIN**  **25 MIN**

**10 PORCIONES**

## INGREDIENTES

**1 hoja de masa de hojaldre**

**RELLENO:**

**¼ taza aceite de oliva**
**½ taza cebolla picadita**
**½ taza pimiento verde picadito**
**1 cdita. ajo triturado**
**2 tazas repollo picadito**
**4 oz. queso crema suave**
**¼ taza cilantrillo fresco picadito**
**1 cdita. curry en polvo**
**2 latas 10 oz. pechuga de pollo, escurridas y desmenuzadas**
**½ cdita. sal**
**1 huevo ligeramente batido**

1 En una cacerola mediana echa el aceite de oliva, calienta, echa la cebolla, pimiento verde, ajo, repollo y cocina a temperatura mediana por 2 minutos. Añade el queso crema, cilantrillo, curry, pollo, sal y cocina a temperatura mediana por 5 minutos. Deja refrescar.

2 Calienta el horno a 375°F. Prepara una bandeja de horneo, echa un chorrito de agua sobre la bandeja y coloca un papel de horneo.

3 Abre la masa de hojaldre y sobre la masa echa la mezcla de pollo, enrolla y coloca en la bandeja de horneo. Pinta la masa con el huevo batido utilizando una brochita. Puedes dar unos cortecitos a la masa en forma diagonal.

4 Hornea por 20 minutos o hasta que la masa quede doradita. Deja refrescar y sirve en rueditas.

### OREJITA

Para variar puedes sustituir el pollo por atún enlatado.

# TORTILLA ESPAÑOLA

*La papa es muy rica en carbohidratos, vitamina C y en fibras.*

**PREPARACION Y COCCION**

 **20 MIN**  **1 HR**

**12 PORCIONES**

## INGREDIENTES

**5 tazas papas troceadas y cocidas**
**¼ taza aceite de oliva**
**1 ½ taza cebolla picadita**
**1 cdita. ajo triturado**
**1 cdita. sal**
**12 huevos batidos**

1 En una cacerola echa 6 tazas agua y sal al gusto. Al hervir el agua echa las papas y cocina a temperatura mediana por 15 a 20 minutos. Escurre y deja aparte.

2 Calienta el horno a 350°F.

3 En una sartén echa el aceite de oliva, calienta a temperatura mediana, echa la cebolla, ajo y cocina por 2 a 3 minutos. En un envase mediano bate los huevos, echa la cebolla, las papas y sazona al gusto. Echa la mezcla en una sartén o molde con teflón engrasado y cocina en el horno a 350°F por 30 minutos.

**OREJITA**

Para añadir otro sabor a la receta puedes añadir chorizos troceaditos.

# VANGIESTROKYS

***Además que desayunos, la tocineta tiene otros muchos usos en nuestra cocina.***

**PREPARACION Y COCCION**

 **10 MIN**

 **20 MIN**

**32 PORCIONES**

## INGREDIENTES

**1 pqt. palistroques**
**1 lb. lascas de tocineta**
**1 ½ taza azúcar negra**

1 Calienta el horno a 350°F. Prepara una bandeja de horneo con parrilla. Enrolla una tocineta en cada palistroque y pasa por el azúcar negra. Repite el procedimiento con cada palistroque.

2 Coloca en la bandeja de horneo con parrilla. Hornea por 20 minutos o hasta que queden doraditos. Deja enfriar y corta en trocitos.

### OREJITA

Sirve inmediatamente luego de horneado, para evitar que pierda su textura crujiente.

# Flanes

# FLAN DE CAFE

***El café es la tercera bebida más consumida del mundo después del agua y el té.***

## PREPARACION Y COCCION

 20 MIN  1 HR

10 PORCIONES

## INGREDIENTES

**1 taza azúcar**
**¼ taza agua**
FLAN:
**8 oz. queso crema**
**5 huevos**
**¾ taza azúcar granulada**
**1 taza crema ligera**
**½ taza Cielito Rosado Café Gourmet Espresso colado**
**¼ taza licor de café**

1 Calienta el horno a 350°F. Prepara un molde con agua.

2 En una taza resistente al microondas mezcla el azúcar con el agua y cocina en el microondas a temperatura máxima (high) por 5 a 7 minutos. Echa el caramelo en un molde de 8".

3 En el procesador de alimentos mezcla el queso crema con el azúcar y los huevos hasta unir. Luego añade la crema ligera, café colado y el licor de café.

4 Echa la mezcla en el molde acaramelado. Coloca el flan en el molde con agua y coloca en el horno. Hornea por 1 hora. Deja enfriar y coloca en el refrigerador hasta el momento de servir.

## OREJITA

Puedes utilizar queso crema libre de grasa, utilizar leche evaporada y sustituir los huevos por egg beater.

# FLAN DE CHOCOLATE

*El chocolate es muy buena fuente de energía y vitalidad.*

**PREPARACION Y COCCION**

 **15 MIN**  **1 HR**

**10 PORCIONES**

## INGREDIENTES

**1 taza azúcar granulada**
**¼ taza agua**
**FLAN:**
**4 oz. chocolate semidulce**
**½ taza azúcar**
**1 cda. maicena**
**5 huevos**
**2 tazas crema ligera**
**1 cdita. extracto de vainilla**

1 Calienta el horno a 350°F. Prepara un molde con agua.

2 En una taza resistente al microondas mezcla el azúcar con el agua y cocina en el microondas a temperatura máxima (high) por 5 a 7 minutos. Echa el caramelo en un molde de 8".

3 Echa el chocolate en una taza de cristal resistente al calor y coloca en una cacerolita con agua (baño de María). Calienta hasta que se derrita el chocolate. Añade la mitad de la leche y mezcla hasta que el chocolate se disuelva.

4 En el procesador de alimentos mezcla el chocolate, azúcar, maicena y añade los huevos uno a uno. Añade la crema ligera, extracto de vainilla y mezcla. Echa la mezcla en el molde acaramelado. Coloca el flan en el molde con agua y coloca en el horno. Hornea por 1 hora.

5 Deja enfriar y coloca en el refrigerador hasta el momento de servir.

**OREJITA**

Puedes sustituir la crema ligera por leche evaporada.

# FLAN DE COQUITO

***El Coquito es tradicionalmente la bebida en fiestas navideñas.***

**PREPARACION Y COCCION**

 **15 MIN**  **1 HR**

**10 PORCIONES**

## INGREDIENTES

**1 taza azúcar para el caramelo**
**¼ taza agua para el caramelo**
**FLAN:**
**8 oz. queso crema**
**5 huevos**
**2 tazas coquito preparado**
**1 cdita. extracto de vainilla**

1 Calienta el horno a 350°F. Prepara un molde con agua y coloca el flan dentro del molde.

2 En una taza resistente al microondas mezcla el azúcar con el agua y cocina en el microondas a temperatura máxima (high) por 5 a 7 minutos. Echa el caramelo en un molde de 8".

3 En el procesador de alimentos mezcla el queso crema y añade los huevos uno a uno. Añade el coquito y extracto de vainilla.

4 Echa la mezcla en el molde acaramelado. Coloca el flan en el molde con agua y coloca en el horno.

5 Hornea por 1 hora. Deja enfriar y coloca en el refrigerador hasta el momento de servir.

**OREJITA**

Si te gusta la mezcla más dulce puedes añadir ½ taza azúcar.

# FLAN DE MAIZ Y COCO

***El coco, usado como alimento desde tiempos antiguos fue descubierto por Marco Polo.***

**PREPARACION Y COCCION**

 **20 MIN MIN**

 **1 HR 15**

**10 PORCIONES**

## INGREDIENTES

**1 taza azúcar**
**¼ taza agua**
FLAN:
**1 taza agua**
**1 taza harina de maíz extra fina**
**1 taza azúcar**
**5 huevos**
**1 ½ taza leche de coco**
**½ cdita. extracto de vainilla**
**1 cdita. ralladura de limón**
**pizca sal**

1 Calienta el horno a 350°F. Prepara un molde con agua.

2 En una taza resistente al microondas mezcla el azúcar con el agua y cocina en el microondas a temperatura máxima (high) por 5 a 7 minutos. Echa el caramelo en un molde de 8".

3 En una cacerola pequeña calienta el agua hasta hervir y añade la harina de maíz, retira de la hornilla y mezcla rápidamente. Deja refrescar.

4 En el procesador de alimentos mezcla la harina de maíz con el azúcar y los huevos hasta que quede cremoso y unido. Añade el resto de los ingredientes y mezcla. Echa la mezcla en el molde acaramelado.

5 Coloca el flan en el molde con agua y coloca en el horno. Hornea por 1 hora. Deja enfriar y coloca en el refrigerador hasta el momento de servir.

**OREJITA**

Puedes añadir ½ taza coco rallado.

# FLAN DE MANGO

***El mangó es rico en vitaminas, minerales y antioxidantes más contiene enzimas que ayudan al sistema digestivo.***

**PREPARACION Y COCCION**

 **15 MIN**  **1 HR**

**10 PORCIONES**

## INGREDIENTES

**1 taza azúcar**
**¼ taza agua**
FLAN:
**1 pqt. 8 oz. queso crema**
**½ taza azucar**
**4 huevos**
**1 taza mangó maduro triturado**
**13 oz. leche evaporada**
**1 cdita. extracto de vainilla**

1 Calienta el horno a 350°F. Prepara un molde con agua.

2 En una taza resistente al microondas mezcla el azúcar con el agua y cocina en el microondas a temperatura máxima (high) por 5 a 7 minutos. Echa el caramelo en un molde de 8".

3 En el procesador de alimentos mezcla el queso crema con el azúcar y añade los huevos uno a uno. Añade el resto de los ingredientes y mezcla. Echa la mezcla en el molde acaramelado. Coloca el flan en el molde con agua y coloca en el horno.

4 Hornea por 1 hora. Deja enfriar y coloca en el refrigerador hasta el momento de servir.

**OREJITA**

Puedes utilizar mangó enlatado o congelado.

# FLAN DE PANA

***La pana se conoce en inglés como Breadfruit por su aroma al cocinarse muy parecido al pan.***

**PREPARACION Y COCCION**

 **10 MIN**  **1 HR 20 MIN**

**10 PORCIONES**

## INGREDIENTES

**1 taza azúcar**
**¼ taza agua**
FLAN:
**2 tazas pana hervida y majada**
**8 oz. queso crema**
**½ taza azúcar**
**5 huevos**
**13 oz. leche evaporada**
**1 cdita. extracto de vainilla**

1 Calienta el horno a 350°F. Prepara un molde con agua.

2 En una taza resistente al microondas mezcla el azúcar con el agua y cocina en el microondas a temperatura máxima (high) por 5 a 7 minutos. Echa el caramelo en un molde de 8".

3 En el procesador de alimentos mezcla la pana hervida, queso crema, azúcar y añade los huevos uno a uno. Añade la leche evaporada, extracto de vainilla y mezcla.

4 Echa la mezcla en el molde acaramelado. Coloca el flan en el molde con agua y coloca en el horno.

5 Hornea por 1 hora. Deja enfriar y coloca en el refrigerador hasta el momento de servir.

**OREJITA**

Puedes sustituir la pana por yautía o ñame hervido

# FLAN DE PARCHA

***La parcha es bien baja en calorías y una fuente bien alta en fibra.***

**PREPARACION Y COCCION**

 **15 MIN**  **1 HR**

**10 PORCIONES**

## INGREDIENTES

**1 taza azúcar**
**¼ taza agua**
FLAN:
**8 oz. queso crema**
**1 pote jugo de parcha concentrado**
**½ taza azúcar**
**5 huevos**
**1 taza crema ligera**

1 Calienta el horno a 350°F. Prepara un molde con agua.

2 En una taza resistente al microondas mezcla el azúcar con el agua y cocina en el microondas a temperatura máxima (high) por 5 a 7 minutos. Echa el caramelo en un molde de 8".

3 En el procesador de alimentos mezcla el queso crema, azúcar, jugo de parcha y añade los huevos uno a uno. Luego añade la crema ligera y mezcla hasta unir.

4 Echa la mezcla en el molde acaramelado. Coloca el flan en el molde con agua y coloca en el horno.

5 Hornea por 1 hora. Deja enfriar y coloca en el refrigerador hasta el momento de servir.

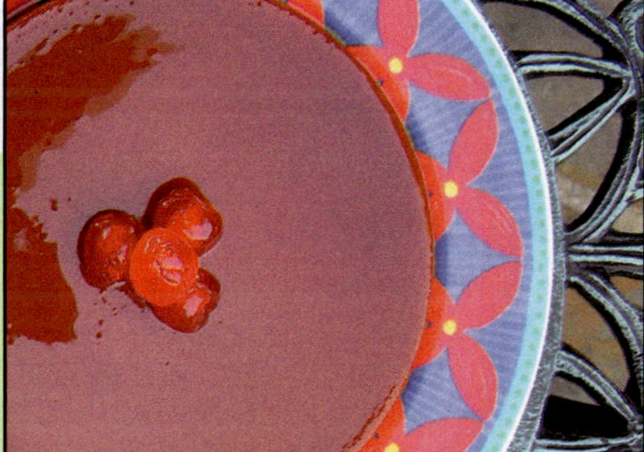

### OREJITA

Puedes cambiar el sabor de la receta utilizando jugo concentrado de tamarindo, china o guayaba.

# FLAN DE PIÑA COLADA

*Dicen que la piña colada fue creada en 1954 en un comercio de la calle Fortaleza en el Viejo San Juan.*

**PREPARACION Y COCCION**

 **15 MIN**  **1 HR**

**10 PORCIONES**

## INGREDIENTES

**1 taza azúcar granulada**
**¼ taza agua**
**FLAN:**
**1 lata leche condensada**
**1 cda. maicena**
**5 huevos**
**1 taza leche de coco**
**1 taza piña triturada**
**1 cdita. extracto de vainilla**

1. Calienta el horno a 350°F. Prepara un molde con agua.
2. En una taza resistente al microondas mezcla el azúcar con el agua y cocina en el microondas a temperatura máxima (high) por 5 a 7 minutos. Echa el caramelo en un molde de 8".
3. En el procesador de alimentos mezcla la leche condensada con la maicena y añade los huevos uno a uno. Añade la leche de coco, piña, extracto de vainilla y mezcla.
4. Echa la mezcla en el molde acaramelado. Coloca el flan en el molde con agua y coloca en el horno.
5. Hornea por 1 hora. Deja enfriar y coloca en el refrigerador hasta el momento de servir.

### OREJITA

Puedes sustituir la leche condensada por leche evaporada y añadir ½ taza azúcar.

# FLAN DE PISTACHO

***El pistacho es ideal para regular el tránsito intestinal por su alto contenido de fibra.***

**PREPARACION Y COCCION**

 **15 MIN**  **1 HR**

**10 PORCIONES**

## INGREDIENTES

**1 taza azúcar para el caramelo**
**¼ taza agua**
FLAN:
**8 oz. queso crema**
**½ taza azúcar**
**1 pqt. budín de pistacho**
**5 huevos**
**13 oz. leche evaporada**

1 Calienta el horno a 350°F. Prepara un molde con agua.

2 En una taza resistente al microondas mezcla el azúcar con el agua y cocina en el microondas a temperatura máxima (high) por 5 a 7 minutos. Echa el caramelo en un molde de 8".

3 En el procesador de alimentos mezcla el queso crema, azúcar y budín de pistacho. Añade los huevos uno a uno, leche evaporada, extracto de vainilla y mezcla.

4 Echa la mezcla en el molde acaramelado. Coloca el flan en el molde con agua y coloca en el horno.

5 Hornea por 1 hora. Deja enfriar y coloca en el refrigerador hasta el momento de servir.

**OREJITA**

Puedes añadir ½ taza pistachos picaditos.

# FLAN DE QUESO DEL PAIS

*El consumo de queso por países lo encabeza Francia, le siguen Suiza, Italia y España.*

PREPARACION Y COCCION

 15 MIN  1HR

**10 PORCIONES**

## INGREDIENTES

**1 taza azúcar para el caramelo**
**¼ taza agua**
FLAN:
**2 pqts. 7 oz. queso del país troceadito**
**½ taza azúcar**
**6 huevos**
**2 tazas crema ligera**
**1 cdita. extracto de vainilla**
**½ cdita. ralladura de limón**

1 Calienta el horno a 350°F. Prepara un molde con agua.

2 En una taza resistente al microondas mezcla el azúcar con el agua y cocina en el microondas a temperatura máxima (high) por 5 a 7 minutos. Echa el caramelo en un molde de 8".

3 En el procesador de alimentos mezcla el queso, azúcar, huevos hasta que quede cremoso. Añade la crema ligera, vainilla, ralladura de limón y mezcla hasta unir.

4 Echa la mezcla en el molde acaramelado. Coloca el flan en el molde con agua y coloca en el horno.

5 Hornea por 1 hora. Deja enfriar y coloca en el refrigerador hasta el momento de servir.

### OREJITA

Esta receta la puedes utilizar para hacer flan de queso crema. Sustituye el queso del país por 8 oz. queso crema.

# FLAN DE QUESO Y CALABAZA

***La calabaza, planta originaria de América Central es muy rica en vitamina A y C.***

**PREPARACION Y COCCION**

 **15 MIN**  **1HR 20 MIN**

**10 PORCIONES**

## INGREDIENTES

**1 taza azúcar para el caramelo**
**¼ taza agua para el caramelo**
**FLAN:**
**8 oz. queso crema**
**½ taza azúcar**
**4 huevos**
**2 cdas. maicena**
**2 tazas calabaza hervida y majada**
**1 cda. extracto de vainilla**
**13 oz. leche evaporada**

1 Calienta el horno a 350°F. Prepara un molde con agua.

2 En una taza resistente al microondas mezcla el azúcar con el agua y cocina en el microondas a temperatura máxima (high) por 5 a 7 minutos. Echa el caramelo en un molde de 8".

3 En el procesador de alimentos mezcla el queso crema, azúcar y añade los huevos uno a uno. Añade la maicena, calabaza, extracto de vainilla, leche y mezcla hasta unir.

4 Echa la mezcla en el molde acaramelado. Coloca el flan en el molde con agua y coloca en el horno.

5 Hornea por 1 hora. Deja enfriar y coloca en el refrigerador hasta el momento de servir.

**OREJITA**

Puedes utilizar calabaza enlatada.

# FLAN DE TURRON DE COCO

***El turrón se considera el dulce más antiguo, sano y más natural del planeta.***

**PREPARACION Y COCCION**

 **15 MIN**  **1 HR**

**10 PORCIONES**

## INGREDIENTES

**1 taza azúcar para el caramelo**
**¼ taza agua**
**FLAN:**
**8 oz. queso crema**
**1 pqt. turrón de coco, troceadito**
**½ taza azúcar granulada**
**5 huevos**
**1 cdita. extracto de vainilla**
**1 cdita. ralladura de limón**
**13 oz. leche evaporada**

1 Calienta el horno a 350°F. Prepara un molde con agua.

2 En una taza resistente al microondas mezcla el azúcar con el agua y cocina en el microondas a temperatura máxima (high) por 5 a 7 minutos. Echa el caramelo en un molde de 8".

3 En el procesador de alimentos mezcla el queso crema, turrón y azúcar. Añade los huevos uno a uno, el resto de los ingredientes y mezcla hasta unir.

4 Echa la mezcla en el molde acaramelado. Coloca el flan en el molde con agua y coloca en el horno.

5 Hornea por 1 hora. Deja enfriar y coloca en el refrigerador hasta el momento de servir.

### OREJITA

Puedes sustituir el turrón de coco por coco rallado.

# FLAN DE VAINILLA

***La vainilla es buena para contrarrestar la fiebre y aliviar el dolor del vientre.***

**PREPARACION Y COCCION**

 **15 MIN**  **1 HR**

**10 PORCIONES**

## INGREDIENTES

**1 taza azúcar para el caramelo**
**¼ taza de agua**
**FLAN:**
**5 huevos**
**1 cda. maicena**
**13 oz. leche evaporada**
**1 lata leche condensada**
**1 taza leche fresca**
**1 cdita. extracto de vainilla**

1. Calienta el horno a 350°F. Prepara un molde con agua.
2. En una taza resistente al microondas mezcla el azúcar con el agua y cocina en el microondas a temperatura máxima (high) por 5 a 7 minutos. Echa el caramelo en un molde de 8".
3. En un envase mediano echa los huevos, maicena y bate ligeramente. Añade las leches, el extracto de vainilla y mezcla.
4. Echa la mezcla en el molde acaramelado. Coloca el flan en el molde con agua y coloca en el horno.
5. Hornea por 1 hora. Deja enfriar y coloca en el refrigerador hasta el momento de servir.

**OREJITA**

Recuerda que para virar los flanes tienen que estar bien fríos para evitar que se rompan.

# FLANCOCHO

*La leche evaporada es leche de vaca, reducida entre el 50% a 55% de su contenido de agua.*

**PREPARACION Y COCCION**

 **15 MIN**  **1 HR**

**10 PORCIONES**

## INGREDIENTES

**1 taza azúcar para el caramelo**
**¼ taza agua**
FLAN:
**8 oz. queso crema**
**½ taza azúcar**
**4 huevos**
**13 oz. leche evaporada**
**1 cda. extracto de vainilla**
**1 pqt. 16 oz. bizcocho de mantequilla triturado (pound cake)**

1 Calienta el horno a 350°F. Prepara un molde con agua.

2 En una taza resistente al microondas mezcla el azúcar con el agua y cocina en el microondas a temperatura máxima (high) por 5 a 7 minutos. Echa el caramelo en un molde de 8".

3 En el procesador de alimentos mezcla el queso crema con el azúcar y los huevos uno a uno. Luego añade la leche evaporada, extracto de vainilla, bizcocho y mezcla.

4 Echa la mezcla en el molde acaramelado. Coloca el flan en el molde con agua y coloca en el horno.

5 Hornea por 1 hora. Deja enfriar y coloca en el refrigerador hasta el momento de servir.

### OREJITA

Puedes añadir sabor a almendra con una cucharadita de extracto de almendra.

Frituritas

# ALMOJABANAS

***Los alimentos hechos con harina de arroz absorben sobre un 60% menos grasa al cocinarlos.***

**PREPARACION Y COCCION**

 **15 MIN**

 **20 MIN**

**30 PORCIONES**

## INGREDIENTES

**1 ½ taza leche**
**2 cdas. mantequilla**
**¼ cdita. sal**
**½ cdita. polvo de horneo**
**12 oz. (2 ¼ tazas) harina de arroz**
**3 huevos**
**1 taza queso del país rallado**
**aceite de maíz para freir**

**OREJITA**

Puedes sustituir los huevos por egg beater.

1 Mezcla la harina de arroz con el polvo de horneo.

2 En una cacerola mediana echa el agua, mantequilla, sal y calienta hasta hervir. Echa la harina de arroz, retira de la hornilla y mezcla rápidamente hasta formar una mezcla pastosa. Añade los huevos uno a uno y luego el queso.

3 En una sartén profunda calienta el aceite de maíz, echa la mezcla por cucharaditas y fríe hasta que queden doraditas. Sirve inmediatamente.

# BACALAITOS

***El bacalao es de los peces con el menor contenido de grasa en su carne.***

**PREPARACION Y COCCION**

**25 PORCIONES**

## INGREDIENTES

½ lb. bacalao desalado
1 ½ taza harina de trigo
1 ½ taza agua
1 cdita. polvo de hornear
1 cdita. pimienta negra
1 cdita. ajo triturado
2 hojas de culantro picaditas
2 ajies dulces picaditos
1 cda. aceite de oliva
¼ taza cilantrillo fresco picadito
¼ cdita. orégano
1 sobre sazonador con culantro y achiote
aceite de maíz para freir

1 En un envase mediano mezcla todos los ingredientes hasta unir.

2 En una sartén profunda calienta el aceite. Echa la mezcla por cucharadas y fríe hasta que queden doraditos.

3 Sirve inmediatamente.

**OREJITA**

Puedes utilizar bacalao enlatado.

# BOLITAS DE ARROZ

*Las propiedades del queso pueden actuar de forma favorable en nuestra flora intestinal.*

**PREPARACION Y COCCION**

 **15 MIN**  **15 MIN**

**25 PORCIONES**

## INGREDIENTES

**1 ½ taza arroz mediano hervido**
**2 cdas. harina de trigo**
**1 taza jamón de cocinar triturado**
**1 huevo**
**½ taza cilantrillo picadito**
**¼ taza pimiento rojo picadito**
**¼ taza queso parmesano rallado**

1 En el procesador de alimentos mezcla todos los ingredientes por unos segundos. Coge la mezcla por cucharada y forma las bolitas.

2 Fríe en aceite hasta que queden doraditas.

3 Sirve con tu salsa favorita.

### OREJITA

Puedes sustituir el jamón por tu embutido favorito.

# BOLITAS DE QUESO DEL PAIS

*Todos los tipos de queso aportan a nuestra dieta un gran valor nutritivo.*

## PREPARACION

10 MIN

15 MIN

20 PORCIONES

## INGREDIENTES

**1 taza queso del país rallado**
**2 cdas. harina de bizcocho**
**1 clara de huevo batida a punto de nieve**
**aceite de maíz para freír**

1. En un envase mediano mezcla el queso con la harina de bizcocho. Añade la clara de huevo batida en forma envolvente hasta unir.
2. Coge la mezcla por cucharaditas y forma las bolitas.
3. En una sartén profunda calienta el aceite. Echa las bolitas y fríe hasta que queden doraditas.

## OREJITA

Las puedes hacer con anticipación y mantener en el congelador.

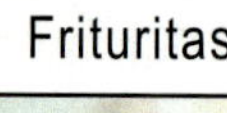



# BOLITAS DE YUCA Y QUESOS

*El cultivo de la planta de yuca (cassava) es el tercero más importante en el mundo.*

**PREPARACION Y COCCION**

 20 MIN  20 MIN

**40 PORCIONES**

## INGREDIENTES

1 taza yuca hervida y majada
1 taza queso del país rallado
1 taza queso de bola rallado
2 cdas. queso parmesano rallado
2 cdas. harina de bizcocho
1 clara de huevo batida a punto de nieve
pizca pimienta blanca (opcional)

1 En un envase mediano mezcla los quesos con la harina de bizcocho, luego añade la yuca y mezcla hasta unir.

2 Añade la clara en forma envolvente hasta formar una mezcla pareja. Coge la mezcla por cucharadas y forma las bolitas. Pasa por harina de trigo.

3 En una sartén profunda calienta el aceite. Echa las bolitas y fríe hasta que queden doraditas. Sirve inmediatamente.

**OREJITA**

Puedes variar el sabor añadiendo hierbas frescas picaditas o cambiar los quesos.

# BOLSILLITOS SABROSOS

*Kielbasa es una palabra genérica polaca para describir las salchichas.*

**PREPARACION Y COCCION**

 20 MIN  15 MIN

**30 PORCIONES**

## INGREDIENTES

**1 pqt. plantillitas de wonton**
**1 huevo batido**
**RELLENO:**
**1 taza kielbasa triturada**
**1 taza filete de pechuga triturado**
**2 lascas tocineta picadita**
**1 cdita. ajo triturado**
**½ cda. jengibre rallado**
**½ cdita. curry**
**sal al gusto**

1. Mezcla todos los ingredientes del relleno y sazona al gusto. Con la ayuda de una brochita unta huevo sobre la plantilla de wonton y coloca una cucharadita de la mezcla del relleno y une la masita formando una bolsita. Repite el procedimiento con cada wonton.

2. Fríe en aceite caliente o prepara al horno. Calienta el horno a 375°F. Coloca los bolsillitos en una bandeja con papel de horneo y hornea por 15 a 20 minutos.

### OREJITA

Puedes servir con duck sauce o tu salsa preferida.

# EMPANADILLITAS DE CHORIZOS

*España y México son los mayores usuarios del chorizo, una salchicha bien condimentada.*

## PREPARACION

 20 MIN 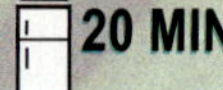 20 MIN

30 PORCIONES

## INGREDIENTES

- 30 plantillitas de harina para empanadillitas
- 1 huevo ligeramente batido
- 2 cdas. aceite de oliva
- ½ taza cebolla blanca picadita
- 1 cdita. ajo triturado
- ½ taza pimiento verde picadito
- 1 taza repollo picadito
- 1 taza setas rebanadas
- 4 chorizos picaditos
- ½ taza salsa de pizza
- ½ taza queso mozarella rallado
- ¼ taza queso parmesano rallado

1. En una sartén echa el aceite de oliva, calienta, echa la cebolla, ajo, pimiento, repollo, setas y cocina por 3 a 5 minutos. Echa en un envase y añade el resto de los ingredientes.

2. Unta huevo en el borde de una plantilla y coloca una cucharadita del relleno en el centro de la plantilla, cierra y pellizca los bordes hasta unir. Repite el procedimiento con cada plantilla.

3. Fríe en aceite caliente hasta que queden doraditas.

## OREJITA

Las puedes hornear. En una bandeja de horneo coloca las empanadillitas, unta huevo batido sobre cada empanadillita y hornea a 350°F por 20 minutos.

# EMPANADILLAS DE ESPINACAS RICOTTA

*Las espinacas son ricas en ácidos no saturados que ayudan a eliminar el colesterol.*

**PREPARACION Y COCCION**

 20 MIN

 20 MIN

**30 PORCIONES**

## INGREDIENTES

30 plantillitas de empanadillitas
2 cdas. aceite de oliva
1/3 taza cebolla picadita
1 cdita. ajo triturado
10 oz. espinacas frescas, picaditas cocidas, escurridas
¾ taza queso ricotta
¾ taza queso mozarella rallado
sal y pimienta al gusto

1 En una sartén mediana echa el aceite, calienta, echa la cebolla, ajo y cocina por 2 a 3 minutos. Echa las espinacas y cocina por 3 a 5 minutos. Saca de la sartén, echa en un envase y deja enfriar. Añade los quesos y sazona al gusto.

2 Unta huevo en el borde de una plantilla y coloca una cucharada de la mezcla en el centro de la plantilla, cierra y pellizca los bordes. Repite el procedimiento con cada plantilla.

3 En una sartén profunda calienta aceite. Echa las empanadillitas y fríe hasta que queden doraditas.

**OREJITA**

Las puedes preparar con anticipación y congelarlas.

# EMPANADILLITAS DE JAMON

*El ajo ayuda a incrementar el nivel de insulina en el cuerpo, reduciendo así los niveles de azúcar.*

**PREPARACION Y COCCION**

 20 MIN  20 MIN

**30 PORCIONES**

## INGREDIENTES

**1 pqt. plantillitas de empanadillitas**
**¼ taza aceite de oliva**
**½ taza cebolla picadita**
**1 cdita. ajo triturado**
**½ taza cebollines picaditos**
**1 taza jamón de cocinar (triturado)**
**2 tazas queso mozarella rallado**
**aceite de maíz para freír**

1. En una sartén echa el aceite de oliva, calienta, echa el jamón y cocina hasta que quede doradito. Echa la cebolla, ajo, cebollines y cocina por 2 a 3 minutos. Deja refrescar.

2. Añade el queso y mezcla hasta unir. Unta huevo en el borde de una plantilla y coloca una cucharada de la mezcla en el centro de la plantillita, cierra y pellizca los bordes. Repite el procedimiento con cada plantillita.

3. En una sartén profunda calienta el aceite. Echa las empanadillitas y fríe hasta que queden doraditas.

**OREJITA**

Las puedes hornear en una bandeja de horneo con papel de horneo a 350°F por 20 minutos.

# FRITURITAS DE CALABAZA

***La calabaza posee alto contenido en fibra, vitaminas A y C, siendo muy aconsejable para casos de obesidad.***

**PREPARACION Y COCCION**

 **15 MIN**  **30 MIN**

**25 PORCIONES**

## INGREDIENTES

**2 tazas calabazas hervidas y majadas**
**1 taza harina de trigo**
**1 cdita. polvo de horneo**
**¼ taza azúcar granulada**
**¼ cdita. canela en polvo**
**1 huevo entero crudo**
**¼ cdita. sal**

**aceite de maíz para freír**

1 Mezcla todos los ingredientes hasta unir y formar una mezcla suave y pareja.

2 En una sartén profunda calienta aceite. Echa la mezcla por cucharadas y fríe hasta que queden doraditas. Sirve inmediatamente.

**OREJITA**

Puedes utilizar calabaza enlatada.

# FRITURITAS DE MAIZ

*Norteamérica produce casi la mitad del maíz que se consume en el mundo.*

**PREPARACION Y COCCION**

 15 MIN  20 MIN

**40 PORCIONES**

## INGREDIENTES

- 2 tazas harina de maíz
- ½ cdita. polvo de horneo
- 2 tazas leche
- 2 cdas. mantequilla
- 2 cdas. azúcar granulada
- ½ cdita. sal
- 1 taza maíz tierno
- 3 huevos

1. En un envase mediano mezcla la harina de maíz con el polvo de horneo.
2. En una cacerola mediana echa la leche, mantequilla, azúcar, sal y calienta hasta hervir. Retira de la hornilla, echa la harina de maíz y mezcla hasta formar una mezcla pastosa. Deja refrescar y añade el maíz tierno, los huevos uno a uno y sazona al gusto.
3. En una sartén profunda calienta aceite. Echa la mezcla por cucharadas y fríe hasta que queden doraditas.

### OREJITA

Para variar el sabor puedes añadir a la mezcla una cucharada de salsa pesto.

# FRITURITAS DE YAUTIA

*La yautía es bien baja en sodio, colesterol y en grasas saturadas con buena fuente de vitamina B6 y potasio.*

**PREPARACION Y COCCION**

15 MIN 20 MIN

**30 PORCIONES**

## INGREDIENTES

**2 tazas yautía rallada**
**½ taza queso parmesano rallado**
**1 cdita. ajo triturado**
**2 cdas. aceite de oliva con achiote**

1 En un envase mediano mezcla la yautía con el resto de los ingredientes y sazona al gusto.

2 En una sartén profunda echa el aceite. Calienta, echa la mezcla por cucharadas y fríe hasta que quede doraditas.

### OREJITA

Puedes preparar esta receta con plátano rallado.

# SURULLITOS

***El maíz, junto con el arroz y el trigo son considerados las tres gramíneas más cultivadas en el mundo.***

**PREPARACION Y COCCION**

 **15 MIN**  **15 MIN**

**25 PORCIONES**

## INGREDIENTES

**1 taza agua**
**1 cda. mantequilla**
**½ cdita. sal**
**1 1/3 taza harina de maíz**
**1/3 taza queso parmesano rallado**

**aceite de maíz para freír**

1 En un envase mezcla la harina de maíz con el queso parmesano rallado y deja aparte.

2 En una cacerola mediana echa el agua, mantequilla, sal y calienta hasta hervir. Echa la harina, retira de la hornilla y mezcla hasta que esté pastoso.

3 Forma los surullitos. Coge la mezcla por cucharadas o cucharaditas y forma los surullitos. Fríe en aceite hasta que queden doraditos.

**OREJITA**

Si te gustan dulces puedes añadir 2 cdas. azúcar granulada. Se pueden congelar.

# Galletitas

# BESITOS DE COCO RAPIDITOS

*Un simple coco contiene igual o más proteínas que un buen corte de carne.*

**PREPARACION Y COCCION**

 10 MIN  10 MIN

**30 PORCIONES**

## INGREDIENTES

- **1 caja de mezcla de bizcocho amarillo**
- **2 tazas coco rallado**
- **2 cditas. jengibre fresco rallado**
- **2 huevos**
- **½ taza aceite de maíz**

1. Calienta el horno a 350°F. En la batidora eléctrica mezcla todos los ingredientes hasta formar una mezcla pastosa.
2. Engrasa dos bandejas de horneo. Coge la mezcla por cucharadas y forma los besitos.
3. Coloca en la bandeja de horneo, dejando un espacio de 1" entre un besito y otro.
4. Hornea por 8 a 10 minutos. Deja enfriar y decora con azúcar de confección.

**OREJITA**

Esta receta la puedes preparar en moldecitos de mini-muffins y colocar los papelillos en los moldecitos.

# BROWNIES SABROSAS

***El contenido protéico del trigo es tres veces superior a la carne, al pescado y cinco veces al huevo.***

**PREPARACION Y COCCION**

 **15 MIN**

 **30 MIN**

**30 PORCIONES**

**INGREDIENTES**

- **2/3 taza mantequilla derretida**
- **½ taza agua**
- **1 taza azúcar**
- **2 huevos**
- **1 1/3 taza harina de trigo**
- **¾ taza cocoa en polvo**
- **½ cdita. soda de hornear**
- **1 taza gotitas de chocolate**
- **½ taza coco rallado**

1. Calienta el horno a 350°F. Engrasa un molde 9" x 9" x 2".

2. Mezcla y cierne la harina de trigo con la cocoa y la soda de hornear. En la batidora eléctrica mezcla la mantequilla, agua, azúcar, huevos y la mezcla de harina hasta que quede cremoso. Luego añade las gotitas de chocolate, coco y mezcla. Echa la mezcla en el molde.

3. Hornea por 30 minutos. Deja enfriar y corta en cuadritos. Decora con azúcar de confección.

# DELICADAS DE LIMON

*La mantequilla, es la grasa más usada en la cocina en todo el mundo.*

**PREPARACION Y COCCION**

 20 MIN  45 MIN

30 PORCIONES

## INGREDIENTES

CORTEZA:

2 barras mantequilla dulce
2 tazas harina de trigo
1 taza azúcar de confección
½ cdita. ralladura de limón

MEZCLA DE LIMÓN:

4 huevos
1 taza azúcar
½ taza jugo de limón
½ taza harina de bizcocho
½ cdita. ralladura de limón

1 En la batidora eléctrica mezcla la mantequilla hasta que quede cremosa. Añade la harina de trigo poco a poco y moviendo constantemente. Añade el azúcar y ralladura de limón. Echa la mezcla en un molde 9" x 13" x 2" engrasado y cubierto con papel de horneo o papel de aluminio engrasado. Hornea a 325°F por 15 minutos.

2 Prepara la mezcla de limón. Mezcla los huevos con el azúcar hasta que quede cremoso. Añade el jugo de limón, la harina y la ralladura de limón. Echa la mezcla sobre la corteza.

3 Hornea a 325°F por 30 minutos. Deja enfriar, corta en cuadritos y decora con azúcar de confección.

# GALLETITAS DE ALMENDRAS

*Las almendras son un alimento fundamental para prevenir las enfermedades cardíacas.*

**PREPARACION Y COCCION**

 **15 MIN**  **20 MIN**

**30 PORCIONES**

## INGREDIENTES

- ½ taza manteca vegetal
- ½ taza mantequilla
- 1 taza azúcar negra
- ½ taza azúcar granulada
- 2 huevos
- 1 cdita. extracto de vainilla
- 1 cda. extracto de almendras
- 2 tazas almendras picaditas
- 2 tazas harina de trigo
- 1 cdita. baking powder o soda de hornear

1 Mezcla la manteca, mantequilla y huevos hasta que quede cremoso. Añade el resto de los ingredientes poco a poco hasta formar una mezcla pastosa.

2 Coge la mezcla por cucharadas, forma las galletas y coloca en una bandeja de horneo engrasada dejando un espacio de una pulgada entre una galleta y otra.

3 Hornea a 350°F por 10 minutos.

# GALLETITAS DE AVENA Y CHOCOLATE

*El contenido en proteínas digestibles en la avena, es mayor que en el maíz.*

**PREPARACION Y COCCION**

 **15 MIN** 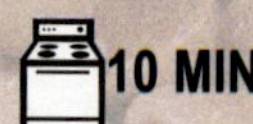 **10 MIN**

**50 PORCIONES**

## INGREDIENTES

**2 barras de mantequilla**
**1 ¼ taza azúcar morena**
**½ taza azúcar granulada**
**2 huevos**
**2 cdas. extracto de vainilla**
**2 cdas. leche**
**2 ½ taza avena instantánea**
**1 ¾ taza harina de trigo**
**1 cdita. soda de hornear**
**2 tazas gotitas de chocolate semidulce**
**1 taza nueces picaditas**

1. Calienta el horno a 350°F. Engrasa dos bandejas de horneo.

2. En la batidora eléctrica mezcla la mantequilla con el azúcar y los huevos hasta que quede cremoso. Luego añade la vainilla, leche, avena, harina y soda de hornear. Añade las gotitas de chocolate y nueces.

3. Coge la mezcla por cucharadas y forma las galletitas. Coloca en las bandejas de horneo, dejando un espacio de 1" entre una galleta y otra.

4. Hornea por 8 a 10 minutos. Coloca en una parrillita y deja enfriar.

### OREJITA

Las gotitas de chocolate deben estar frías y añadir al final a la mezcla para evitar que se rompan. Recuerda colocar la parrilla del horno en el segundo nivel.

# GALLETITAS DE JENGIBRE Y MELAZA

*El jengibre, es aperitivo, estimulante digestivo y circulatorio, antiinflamatorio y expectorante.*

## PREPARACION Y COCCION

15 MIN

20 MIN

20 PORCIONES

## INGREDIENTES

¼ taza mantequilla
¼ taza manteca vegetal
½ taza azúcar
¼ taza melaza
½ taza coco rallado
1 cda. jengibre fresco rallado
½ cdita. canela en polvo
¼ cdita. clavo de especias en polvo
½ cdita. soda de hornear
1 ½ harina de trigo

1 Calienta el horno a 350°F. Engrasa dos bandejas de horneo.

2 En la batidora eléctrica mezcla la mantequilla, manteca y azúcar hasta que quede cremoso. Luego añade la melaza, las especias y la soda de hornear. Luego añade la harina de trigo poco a poco.

3 Coge la mezcla por cucharadas y forma las galletitas. Coloca en las bandejas de horneo. Deja un espacio de 1" entre una galleta y otra. Hornea por 8 a 10 minutos.

## OREJITA

Recuerda colocar la parrilla del horno en el segundo nivel para evitar que las galletitas queden muy doraditas.

# GALLETITAS DE MACADAMIA

*La nuez macadamia es libre de colesterol, contiene 80% de grasas monoinsaturadas.*

**PREPARACION Y COCCION**

 15 MIN  10 MIN

**50 PORCIONES**

## INGREDIENTES

**2 barras de mantequilla**
**1 ¼ taza azúcar morena**
**½ taza azúcar granulada**
**2 huevos**
**2 cdas. extracto de vainilla**
**1 cdita. extracto de almendras**
**2 cdas. leche**
**4 tazas harina de trigo**
**4 cditas. soda de horneo**
**2 tazas gotitas de chocolate blanco**
**1 taza macadamias picaditas**

1 Calienta el horno a 350°F. Engrasa dos bandejas de horneo.

2 En la batidora eléctrica mezcla la mantequilla con el azúcar y los huevos hasta que quede cremoso. Luego añade la vainilla, leche, avena, harina y soda de hornear. Añade las gotitas de chocolate y nueces.

3 Coge la mezcla por cucharadas y forma las galletitas. Coloca en las bandejas de horneo, dejando un espacio de 1" entre una galleta y otra.

4 Hornea por 8 a 10 minutos. Coloca en una parrillita y deja enfriar.

**OREJITA**

Las gotitas de chocolate deben estar frías y añadir al final a la mezcla para evitar que se desbaraten.

# GALLETITAS DE MAIZ

***El maíz es la planta más domesticada y evolucionada del reino vegetal.***

**PREPARACION Y COCCION**

 **15 MIN**  **10 MIN**

**50 PORCIONES**

## INGREDIENTES

**8 oz. mantequilla o manteca vegetal**
**1 huevo**
**¾ taza azúcar granulada**
**2 tazas harina de maíz extra fina**
**1 taza harina de trigo**
**1 cdita. baking powder o soda de hornear**
**1 cdita. ralladura de china o limón**
**½ taza coco rallado**
**¼ cdita. sal**

1 Calienta el horno a 350°F. En la batidora eléctrica mezcla la mantequilla, huevo y azúcar hasta que quede cremoso. Añade la harina de maíz poco a poco y echa el resto de los ingredientes hasta formar una mezcla pastosa.

2 Engrasa dos bandejas de horneo. Coge la mezcla por cucharadas, forma las galletitas. Coloca en la bandeja de horneo, dejando un espacio de 1" entre una galleta y otra.

3 Hornea por 10 a 12 minutos. Deja enfriar y luego decora con azúcar de confección.

# MANTECADITOS

***La mantequilla es el resultado de amasar y batir la nata que contiene la leche.***

**PREPARACION Y COCCION**

 **20 MIN**  **20 MIN**

**50 PORCIONES**

## INGREDIENTES

**½ taza manteca vegetal**
**½ taza mantequilla**
**1 taza azúcar**
**2 yemas de huevo**
**1 cda. ron blanco**
**1 cda. extracto de almendras**
**2 ½ a 3 tazas harina de trigo**

1 Calienta el horno a 350°F. Engrasa dos bandejas de horneo.

2 En la batidora eléctrica mezcla la manteca, mantequilla, azúcar, yemas de huevo, ron y extracto de almendras hasta que quede cremoso. Luego añade la harina poco a poco.

3 Coge la mezcla por cucharadas y forma bolitas y coloca en una bandeja de horneo dejando un espacio de 1" entre un mantecadito y otro. Puedes decorar el centro con un pedacito de pasta de guayaba o grajeas, hundiendo el centro de cada bolita y colocando la pasta de guayaba o grajeas.

4 Hornea por 8 a 10 minutos. Deja enfriar.

**OREJITA**

Coloca la parrilla del horno en el segundo nivel para evitar que se quemen los mantecaditos por debajo.

Pastas

# ESPAGUETIS A LA CARBONARA

***Esta receta fué creada en la década de los 40 durante la ocupación Americana.***

**PREPARACION Y COCCION**

 **15 MIN**  **20 MIN**

**4 • 6 PORCIONES**

## INGREDIENTES

**1 lb. espaguetis cocidos**
**8 lascas tocineta picadita**
**1 cebolla mediana picadita**
**4 huevos ligeramente batidos**
**½ taza crema espesa**
**½ taza perejil fresco picadito**
**queso parmesano rallado**

1 En una sartén grande echa la tocineta y cocina hasta que quede doradita. Añade la cebolla y cocina moviendo constantemente, hasta que la cebolla quede doradita.

2 Echa en el sartén los espaguetis. Bate los huevos con la crema espesa. Echa sobre los espaguetis y cocina moviendo constante mente. Añade el perejil y sazona al gusto.

## OREJITA

Sirve con queso parmesano rallado y puedes añadir guisantes.

# ESPAGUETIS A LA FLORENTINA

*La cebolla es rica en vitaminas A, C y B con gran contenido en hierro, fósforo y sales minerales.*

**PREPARACION Y COCCION**

 15 MIN  20 MIN

**4 • 6 PORCIONES**

## INGREDIENTES

1 lb. espaguetis hervidos
¼ taza aceite de oliva
½ taza tocineta picadita
½ taza cebolla picadita
2 filetitos de pechuga cocidos y troceaditos
½ taza pimiento verde y rojo picadito
10 oz. espinacas frescas picaditas
1 pote salsa Alfredo
sal y pimienta gusto

1 En una cacerola echa el aceite, calienta, echa la tocineta y cocina hasta que quede doradita.

2 Añade la cebolla, pimientos y cocina por 2 a 3 minutos. Añade las espinacas y cocina hasta que queden tiernas. Añade la salsa Alfredo, la pasta y sazona al gusto.

**OREJITA**

Sirve con queso parmesano rallado. Puedes sustituir la tocineta por bacon bits.

# LASAÑA DE CARNE

***Ricotta significa recocinar, por el hecho de que este queso se hace calentando el suero de queso.***

**PREPARACION Y COCCION**

 **20 MIN**  **40 MIN**

**9 PORCIONES**

## INGREDIENTES

**9 hojas de lasaña hervidas**
**2 lbs. carne de res molida y guisada**
**1 taza queso ricotta**
**1 taza salsa espagueti**
**3 tazas queso mozarella rallado**
**½ taza queso parmesano rallado**

1 Calienta el horno a 350°F. Engrasa un molde para horneo 13 x 9 x 2. Echa una tercera parte de la salsa en el fondo del molde y coloca 3 hojas de lasaña en el fondo del molde, una al lado de la otra hasta cubrir el molde. Luego echa una tercera parte del queso parmesano. Luego coloca la mitad de la carne, una tercera parte del queso mozarella y la mitad del queso ricotta.

2 Luego echa una tercera parte de la salsa, luego coloca 3 hojas de lasaña, una tercera parte del queso parmesano, el resto de la carne, una tercera parte del queso mozarella y resto del queso ricotta.

3 Luego cubre con las últimas hojas de lasaña, luego cubre con el resto de la salsa, queso mozarella y queso parmesano rallado. Tapa con papel de aluminio y hornea por 25 a 30 minutos. Deja refrescar antes de servir.

# LASAÑA DE POLLO Y ESPINACAS

***El queso mozarella se origina en el sur de Italia con la rica leche de búfalas.***

**PREPARACION Y COCCION**

 **20 MIN**  **40 MIN**

**9 PORCIONES**

## INGREDIENTES

**9 pedazos hervidos de pasta para lasaña**
**¼ taza queso parmesano rallado**
**1 ½ taza salsa espagueti**
**1 cdita. azúcar**
**½ taza salsa Alfredo**
**1 taza queso mozarella rallado**
**1 pizca nuez moscada**

**INGREDIENTES PARA EL RELLENO:**

**1 lb. filete de pechuga de pollo cocida y troceada**
**¼ taza aceite de oliva**
**10 oz. espinacas frescas, limpias**
**1 taza cebolla blanca picadita**
**1 cdita. ajo triturado**
**1 taza queso ricotta**

1 En una sartén echa el aceite de oliva, calienta, echa la cebolla, ajo y cocina por varios minutos. Luego echa las espinacas frescas troceaditas y saltea a temperatura mediana por 2 a 3 minutos. Retira y deja enfriar.

2 Luego mezcla con la pechuga, el queso ricotta y la mitad del queso parmesano. Sazona al gusto y añade una pizca de nuez moscada.

3 Mezcla la salsa Alfredo, la salsa para espaguetis y el azúcar.

4 Calienta el horno a 350°F. En un molde para lasaña echa una cuarta parte de salsa y luego cubre con 3 pedazos de lasaña, la mitad del pollo, 1/3 taza de queso mozarella y una cuarta parte de la salsa. Cúbrelo con 3 pedazos de lasaña, el resto del pollo y 1/3 taza de queso mozarella y una cuarta parte de la salsa. Cubre con 3 pedazos de lasaña, el resto de la salsa, queso mozarella y termina con el queso parmesano rallado que habías reservado. Cubre con el papel de aluminio.

5 Hornea por 40 minutos. Saca del horno y deja enfriar un poco antes de servirlo, para que se te haga más fácil cortarlo y servirlo.

# MANICOTTI CON SALSA DE PIMIENTOS

*Los pimientos rojos constituyen una fuente impresionante de vitamina C, A y licopeno.*

**PREPARACION Y COCCION**

 **20 MIN**  **35 MIN**

**16 PORCIONES**

## INGREDIENTES

1 pqt. manicotti cocidos

RELLENO:

15 oz. queso ricotta
1 taza queso mozarella rallado
¼ taza queso parmesano rallado
1 huevo
½ cdita. sal, pimienta y nuez moscada

SALSA DE PIMIENTOS:

2 cdas. aceite de oliva
½ taza pimiento verde picadito
½ taza pimiento rojo picadito
½ taza pimiento amarillo picadito
2 tazas salsa de queso parmesano
sal y pimienta al gusto

1 Cocina los manicotti. Mezcla los ingredientes del relleno y rellena los manicotti.

2 En una sartén echa el aceite de oliva, calienta, echa los pimientos y saltea por 2 a 3 minutos. Añade la salsa de queso parmesano y sazona al gusto.

3 Calienta el horno a 350°F. Engrasa un molde de horneo y echa la mitad de la salsa. Coloca los manicotti y cubre con el resto de la salsa, tapa con papel de aluminio y hornea por 35 minutos.

**OREJITA**

Para variar el sabor del relleno puedes añadir hierbas frescas o tocineta frita picadita.

# PASTA CON CREMA DE AJO

***El pimiento, con su riqueza en agua y fibras crea en nuestros estómagos una gran sensación de saciedad.***

**PREPARACION Y COCCION**

 **15 MIN**  **30 MIN**

**4 • 6 PORCIONES**

## INGREDIENTES

**1 lb. pasta corta hervida**
**¼ taza aceite de oliva extra virgen**
**1 taza pimiento morrón bien picadito**
**¼ taza ajo triturado**
**1 taza crema espesa**
**1 taza perejil fresco picadito**
**8 oz. setas frescas rebanadas y salteadas**
**1 lb. filete de salmón asado y troceaado**
**sal al gusto**

1 En una cacerola mediana echa el aceite de oliva, calienta, echa los pimientos, ajo y cocina por 2 a 3 minutos.

2 Añade la crema espesa, perejil y cocina por 2 a 3 minutos o hasta que se reduzca un poco.

3 Añade las setas, cocina por 2 a 3 minutos y añade la pasta, salmón y sazona al gusto. Sirve con queso parmesano rallado.

**OREJITA**

Puedes sustituir el salmón por filetitos de pechuga asadas.

# PASTA CON CREMA DE ESPINACAS Y JAMON

*Las espinacas son ricas en acidos nosaturados, que contribuyen a disminuir la hipertensión.*

**PREPARACION Y COCCION**

 **20 MIN**  **25 MIN**

**4 • 6 PORCIONES**

## INGREDIENTES

**1 lb. pasta cocida (ziti, linguini ...)**
**¼ taza aceite de oliva**
**2 tazas jamón de cocinar bien picadito**
**½ taza cebolla picadita**
**½ taza pimiento verde y rojo picadito**
**10 oz. espinacas frescas picaditas**
**1 pote salsa Alfredo**
**sal y pimienta gusto**

1 En una cacerola echa el aceite, calienta, echa el jamón y cocina hasta que quede doradito.

2 Añade la cebolla, pimientos y cocina a temperatura mediana por 2 a 3 minutos.

3 Añade las espinacas y cocina hasta que queden tiernas. Añade la salsa Alfredo, la pasta y sazona al gusto.

**OREJITA**

Sirve con queso parmesano rallado. Puedes sustituir las espinacas por brécol fresco troceadito.

# PASTA CON SALSA BOLOÑESA

*El aceite de oliva virgen reduce los niveles de colesterol y disminuye el riesgo de un infarto.*

**PREPARACION Y COCCION**

 **20 MIN**

 **40 MIN**

**4 • 6 PORCIONES**

## INGREDIENTES

**1 lb. pasta hervida (espaguetis, ziti...)**
**SALSA BOLOÑESA:**
**¼ taza aceite de oliva**
**1 taza cebolla picadita**
**1 cdita. ajo triturado**
**1 lata 28 oz. tomates (plum) troceaditos o triturados**
**1 lb. salchichas italianas (saca de la envoltura y desmenuza)**
**1 lb. carne de res molida**
**1 masito de hierbas**
**sal al gusto**

1 En una cacerola echa el aceite de oliva, calienta, echa la cebolla, ajo, pasta de tomate y cocina por 2 a 3 minutos. Añade los tomates, salchichas, carne, hierbas y sazona gusto. Tapa y cocina por 25 minutos o hasta que las carnes estén doraditas.

2 Sirve con tu pasta favorita.

**OREJITA**

Añade queso parmesano rallado al momento de servir.

# PASTA EN SALSA DE QUESOS

***El queso cheddar es el más vendido y el más consumido en el mundo.***

**PREPARACION Y COCCION**

 **15 MIN**  **25 MIN**

**4 • 6 PORCIONES**

## INGREDIENTES

**1 lb. pasta corta hervida**
**¼ taza aceite de oliva**
**1 taza cebolla picadita**
**2 cdas. harina de trigo**
**2 tazas crema ligera**
**2 tazas queso mozarella**
**2 tazas queso cheddar**
**¼ taza queso parmesano rallado**

1 En una cacerola echa el aceite de oliva, calienta a temperatura mediana, echa la cebolla, ajo y cocina por 2 a 3 minutos. Añade la harina de trigo, crema ligera. Añade los quesos y mezcla hasta que los quesos se derritan.

2 Echa la pasta, mezcla y sazona al gusto.

# PASTA CON SALSA DE SETAS

***Las setas son ricas en riboflavina, que ayuda al organismo a obtener energía.***

**PREPARACION Y COCCION**

 **15 MIN**

 **30 MIN**

**4 • 6 PORCIONES**

## INGREDIENTES

**1 pqt. pasta corta hervida**
SALSA:
**¼ lb. tocineta picadita**
**½ taza cebolla picadita**
**8 oz. setas frescas rebanadas**
**2 cdas. harina de trigo**
**1 ½ taza crema ligera**
**2 tazas guisantes**
**½ taza queso parmesano rallado**

1 En una cacerola echa la tocineta y cocina hasta que quede doradita. Añade la cebolla, setas y saltea por varios minutos. Añade la crema ligera poco a poco hasta que se forme la salsa.

2 Añade la pasta, guisantes y sazona al gusto. Sirve con queso parmesano.

**OREJITA**

Perfecta para acompañar cortes de carnes asadas.

# PENNE A LA PUTTANESCA

***El aceite de oliva ofrece una acción eficaz de protección contra úlceras y gastritis.***

**PREPARACION Y COCCION**

 **15 MIN**  **20 MIN**

**4 • 6 PORCIONES**

## INGREDIENTES

**1 lb. pasta penne hervida**
**SALSA PUTTANESCA:**
**¼ taza aceite de oliva**
**2 cdas. ajo picadito**
**28 oz. tomates plum troceaditos**
**½ taza aceitunas negras picaditas**
**3 cdas. anchoas (pasta) o filetitos**
**2 cdas. alcaparras**
**¼ taza perejil fresco picadito**
**sal al gusto**
**queso parmesano rallado**

### OREJITA

Añade queso parmesano al momento de servir. Puedes utilizar la salsa con tu pasta preferida.

1 Cocina la pasta y deja aparte.

2 En una cacerola echa el aceite de oliva, calienta, echa el ajo, tomates y cocina por 3 a 5 minutos. Añade el resto de los ingredientes, sazona al gusto y cocina a temperatura media baja por 15 a 20 minutos.

3 Sirve con la pasta.

# Pescados y Mariscos

# BACALAO A LA CARIBEÑA

*El bacalao es un pescado rico en vitaminas, en minerales y de fácil digestión.*

**PREPARACION Y COCCION**

 **20 MIN**  **1 HR**

**6 PORCIONES**

## INGREDIENTES

- 1 lb. bacalao desalado, cocido y desmenuzado
- ½ taza aceite de oliva BETIS® extra virgen
- ½ taza cebolla picadita
- ½ taza pimiento verde picadito
- 1 taza salsa de tomate
- 1 taza salsa bechamel
- ½ taza cilantrillo picadito
- 1 taza yautía cortada en ruedas finitas
- 1 taza plátano verde cortado en ruedas finitas
- 1 taza papas cortadas en ruedas finitas
- 1 taza batata cortada en ruedas finitas
- 1 taza calabaza cortada en rebanadas finitas
- 2 taza de agua o vino blanco

1. Calienta el horno a 350°F. Engrasa un molde de horneo rectangular. Echa la tercera parte del aceite de oliva **BETIS®** extra virgen, salsa bechamel y salsa de tomate. Coloca la mitad de las viandas formando una base.
2. Coloca el bacalao, pimiento, cebolla, cilantrillo y una tercera parte de la salsa de tomate y bechamel.
3. Cubre el bacalao con el resto de las viandas, echa el agua o vino, el resto de las salsas, aceite de oliva y sazona al gusto.
4. Tapa y hornea por 1 hora.

**OREJITA**

Puedes utilizar salsa Alfredo y utilizar tus viandas favoritas.

# BACALAO A LA FLORENTINA

***El bacalao es un alimento muy adecuado en épocas de crecimiento y desarrollo.***

## PREPARACION Y COCCION

 15 MIN  20 MIN

4 • 6 PORCIONES

## INGREDIENTES

1 lb. filete de bacalao desalado y cocido
¼ taza aceite de oliva BETIS® extra virgen
1 taza cebolla picadita
2 dientes ajo picaditos
½ taza cilantrillo fresco picadito
1 lb. espinacas frescas troceadas
1 taza crema espesa
pizca nuez moscada
sal y pimienta al gusto
½ taza queso parmesano rallado

1 En una cacerola mediana echa el aceite de oliva **BETIS**® extra virgen, calienta, echa la cebolla, ajo, cilantrillo y cocina por 2 a 3 minutos.

2 Añade las espinacas, crema espesa, nuez moscada, sal, pimienta y cocina a temperatura mediana por 15 minutos hasta que la salsa se reduzca.

3 Añade el bacalao y sazona al gusto.

## OREJITA

Sirve con queso parmesano rallado y puedes acompañar con arroz o pasta.

# BROCHETAS DE CAMARONES

***Los camarones abundan en todo el mundo y son un importante recurso pesquero y alimenticio.***

**PREPARACION Y COCCION**

 **10 MIN**  **15 MIN**

**8 PORCIONES**

## INGREDIENTES

**2 lbs. camarones grandes**
**1 pote Wish-Bone® Citrus Splash® Vinaigrette**
**1 pimiento verde troceado**
**1 pimiento rojo troceado**
**1 cebolla troceada**
**1 pqt. cherry tomatoes**

1 En un envase mezcla los camarones, **Wish-Bone® Citrus Splash® Vinaigrette** y sal al gusto. Deja en el refrigerador por lo menos 1 hora.

2 Ensalta los camarones en palitos de madera o metal alternando con los vegetales.

3 Prepara en la barbacoa. Cocina hasta que queden doraditos.

**OREJITA**

Puedes acompañar con ensaladas verdes o coleslaw.

Disfrútalas más con
Wish-Bone
NEW LOOK! Same Great Taste!
Wish-Bone
Italian
Dressing
Great As A MARINADE!
16 FL OZ (473mL)
Creamy Caesar
Dressing
16 FL OZ (473mL)
Deluxe French
Dressing

# CAMARONES AL JENGIBRE

***Por su riqueza en fósforo, la zanahoria es excelente como vigorizante y restauradora de nervios.***

## PREPARACION Y COCCION

 15 MIN  20 MIN

4 PORCIONES

## INGREDIENTES

**1 lb. camarones medianos limpios y adobados con:**
- **2 cdas. aceite de oliva BETIS® extra virgen,**
- **1 cdita. sal,**
- **2 cditas. ajo,**
- **1 cdita. jengibre,**
- **2 cdas. maicena**

**1 taza zanahorias picaditas**
**½ taza guisantes**
**½ taza cebolla cortadas en tiritas**

SALSA:

**½ taza sirope de maíz**
**¼ taza salsa soya**
**1 cdita. pasta de tomate**
**1 pedazo de jengibre fresco troceado**

1 Limpia los camarones, adoba y deja aparte.

2 En una cacerola mediana echa todos los ingredientes de la salsa y cocina a temperatura mediana por 5 minutos. Luego elimina el jengibre y deja aparte.

3 En una sartén grande o "wok" echa un chorrito de aceite de oliva **BETIS®** extra virgen, calienta. Echa los camarones. Saltea a temperatura mediana por 3 minutos. Deja aparte. Echa otro chorrito de aceite de maíz, calienta, echa la cebolla, guisantes, zanahorias y saltea por 2 a 3 minutos. Añade los camarones y la salsa.

### OREJITA

Acompaña con arroz hervido.

# CAMARONES AL PEREJIL

*El camarón es calificado como una fuente excelente de selenio y proteína excepcionalmente magro.*

**PREPARACION Y COCCION**

 **15 MIN**  **20 MIN**

**4 PORCIONES**

## INGREDIENTES

- **1 lb. camarones medianos adobados: 2 cditas. sal, 2 cditas. ajo, 2 cdas. aceite de oliva**
- **¼ taza aceite de oliva BETIS® extra virgen**
- **½ taza cebolla picadita**
- **2 cditas. ajo picadito**
- **1 taza perejil fresco picadito**
- **1 cdita. salsa inglesa**
- **1 cda. harina de trigo**
- **1 lata cerveza ligera**

1 Limpia los camarones, adoba y deja aparte.

2 En una cacerola echa el aceite de oliva **BETIS®** extra vrigen, calienta, echa la cebolla, ajo y cocina a temperatura mediana por 2 a 3 minutos. Añade el perejil y saltea por 1 a 2 minutos. Añade la salsa inglesa, harina de trigo y la cerveza poco a poco. Sazona al gusto.

3 En una sartén mediana echa un chorrito de aceite de oliva **BETIS®** extra vrigen, calienta, echa los camarones y saltea por 2 a 3 minutos. Añade la salsa y cocina a temperatura mediana por varios minutos.

### OREJITA

Sirve con arroz hervido. Puedes sustituir la cerveza por vino blanco frutoso.

# CAMARONES EN SALSA DE COCO AL CILANTRILLO

*El camarón es también una fuente buena de omega-3, antiinflamatorio y anticoagulante.*

**PREPARACION Y COCCION**

 20 MIN  20 MIN

**6 PORCIONES**

## INGREDIENTES

**2 lbs. camarones limpios y adobados:**
**2 cditas. sal, 2 cditas. ajo**
**2 cdas. aceite de oliva BETIS® extra virgen**

SALSA:

**¼ taza aceite de oliva BETIS® extra virgen**
**½ taza cebolla morada**
**2 cdas. harina de trigo**
**1 lata crema de coco**
**1 taza crema espesa**
**½ cda. lobster base**
**½ cda. jengibre rallado**
**1 masito cilantrillo picadito**
**sal al gusto**

1 Limpia los camarones, adoba y deja aparte.

2 En una sartén echa aceite de oliva **BETIS®** extra virgen, calienta, echa la cebolla, jengibre y cocina a temperatura mediana por 2 a 3 minutos.

3 Añade la harina de trigo, la crema de coco, crema espesa, lobster base y cocina a temperatura mediana por 2 a 3 minutos. Añade el cilantrillo y sazona al gusto.

4 En otra sartén grande echa un chorrito de aceite de oliva, calienta y saltea los camarones a temperatura mediana por 2 a 3 minutos. Añade la salsa y cocina por 2 a 3 minutos.

### OREJITA

Puedes sustituir la crema de coco por leche de coco y endulzar con un endulzador artificial.

# CAMARONES EN SALSA DE SETAS AL JEREZ

***Las setas contienen lentinan, beneficioso reforzando el sistema inmunológico.***

**PREPARACION Y COCCION**

15 MIN

20 MIN

**4 PORCIONES**

## INGREDIENTES

**1 lb. camarones limpios y adobados:**
**1 cdita. sal, 1cdita. ajo y 1 cda. aceite de oliva BETIS® extra virgen**

**¼ taza aceite de oliva BETIS® extra virgen**
**¼ taza cebolla blanca picadita**
**1 cdita. ajo picadito**
**8 oz. setas rebanadas**
**1 cdita.salsa inglesa**
**1 ½ cda. harina de trigo**
**½ taza vino jerez**
**½ taza caldo de pollo**
**gotitas browning sauce**

1 Limpia los camarones, adoba y deja aparte.

2 En una sartén mediana echa el aceite de oliva **BETIS®** extra virgen, calienta, echa el ajo, cebolla, setas, salsa inglesa y saltea a temperatura mediana por 2 a 3 minutos. Añade la harina de trigo, vino jerez, caldo, unas gotitas de browning sauce y sazona al gusto.

3 En otra sartén echa un chorrito de aceite de oliva, saltea los camarones por 2 a 3 minutos. Añade la salsa y cocina por 2 a 3 minutos.

**OREJITA**

Esta receta la puedes preparar con filete de pechuga de pollo.

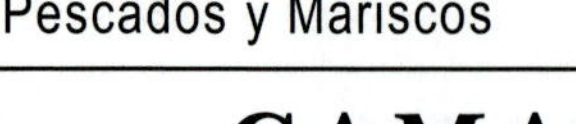



# CAMARONES SABROSOS

***Dicen que el origen del Olivo es de las costas de Siria, Líbano e Israel o de Asia.***

**PREPARACIÓN Y COCCIÓN**

**20 MIN** **30 MIN**

**6 PORCIONES**

## INGREDIENTES

- **¼ taza aceite de oliva B[illegible] virgen**
- **4 lascas tocineta picadita**
- **2 lbs. camarones medianos, limpios y adobados:**
  - **2 cditas. sal, 2 cditas. ajo,**
  - **2 cdas. aceite de oliva**
- **½ taza harina de trigo**
- **½ taza cebolla picadita**
- **½ taza c/u pimiento verde y rojo picadito**
- **4 cebollines picaditos**
- **2 cditas. ajo triturado**
- **2 cdas. cilantrillo picadito**
- **2 cdas. salsa inglesa**

1 Limpia los camarones, adoba y deja aparte. Pasa los camarones por harina de trigo.

2 En una sartén mediana echa el aceite de oliva **BETIS**® extra virgen, calienta, echa la tocineta y cocina hasta que quede doradita. Echa los camarones en porciones pequeñas hasta que queden doraditos, repite el procedimiento hasta terminar y deja aparte.

3 En la misma sartén echa un chorrito de aceite de oliva, calienta, echa la cebolla, pimientos, cebollines, ajo y saltea a temperatura mediana por 2 a 3 minutos. Añade los camarones, cilantrillo y salsa inglesa. Sirve inmediatamente.

### OREJITA

Sirve con arroz hervido o vegetales frescos.

# CEVICHE

***De origen peruano, el ceviche, es un plato de "pescado crudo", en realidad cocido con el ácido de los cítricos.***

## PREPARACION

20 MIN

6 PORCIONES

## INGREDIENTES

**2 lbs. filete de mero, dorado o lenguado troceado**
**1 ½ cdita. sal**
**1 taza jugo de limón**
**¼ taza cilantrillo picadito**
**¼ taza cebolla picadita**
**¼ taza pimiento verde picadito**
**¼ taza aceite de oliva BETIS® extra virgen**

1 En un molde de cristal o porcelana echa el filete de pescado con la sal y el jugo de limón. Deja en el refrigerador marinando por varias horas.

2 Luego añade el aceite de oliva **BETIS®** extra virgen, el resto de los ingredientes, tapa y deja en el refrigerador por 4 a 6 horas.

## OREJITA

Sirve sobre lechugas frescas, tostones o mofongo.

# CREPAS DE BACALAO

***El bacalao, pescado sano y nutritivo, es rico en yodo, minerales, vitaminas y proteínas.***

**PREPARACION Y COCCION**

 **30 MIN** 

**6 PORCIONES**

## INGREDIENTES

CREPAS:
**½ taza leche**
**½ taza harina**
**1 huevo grande**
**½ cdita. sal**

RELLENO DE BACALAO:
**¼ taza aceite de oliva BETIS® extra virgen**
**½ taza cebolla picadita**
**½ taza pimiento verde picadito**
**1 lb. de bacalao, cocido desmenuzado**
**1 taza crema espesa**
**¼ taza queso parmesano rallado**

SALSA DE QUESO PARMESANO:
**¼ taza aceite de oliva BETIS® extra virgen**
**¼ taza harina de trigo**
**1 ½ taza crema ligera**
**1 ½ taza caldo de pollo**
**½ taza queso parmesano rallado**
**pizca nuez moscada**
**sal y pimienta**

1 En un envase mediano mezcla todos los ingredientes de las crepas.

2 En un sartén con teflón de 9" rocía lecitina en aerosol y echa 1/3 taza de la mezcla esparciéndola rápidamente para que quede bien finita y cocina hasta que quede doradita, saca y coloca sobre una hoja de papel encerado o de aluminio. Repite el procedimiento hasta terminar. También puedes utilizar una máquina para preparar crepas.

3 Prepara el relleno de bacalao. En una sartén mediana echa el aceite de oliva **BETIS®** extra virgen, calienta, echa la cebolla, pimiento, ajo y cocina por 2 a 3 minutos. Añade el resto de los ingredientes, sazona al gusto y cocina hasta que el líquido se reduzca.

4 En una cacerola calienta el aceite de oliva y añade la harina de trigo. Luego añade la crema ligera poco a poco y luego el resto de los ingredientes.

5 Calienta el horno a 350°F. Engrasa un molde rectangular. Rellena las crepas con el bacalao. Coloca en el molde y luego echa la salsa. Hornea destapado por 15 a 20 minutos.

Para toda la vida ...
BETIS

# PASTELON DE YUCA Y BACALAO

*La yuca es digestiva, emoliente, suavizante, antiinflamatoria y algo astringente.*

**PREPARACION Y COCCION**

 **20 MIN**  **45 MIN**

**6 PORCIONES**

## INGREDIENTES

**MEZCLA DE YUCA:**

**2 lbs. yuca hervida y majada**
**4 huevos**
**¼ taza aceite de oliva BETIS® extra virgen**
**2 cdas. harina de trigo**
**½ taza cilantrillo**
**sal al gusto**

**RELLENO DE BACALAO:**

**¼ taza aceite de oliva BETIS® extra virgen**
**1 taza cebolla picadita**
**2 cdita. ajo triturado**
**½ taza pimiento verde y rojo picadito**
**½ taza tomate maduro picadito**
**2 ajies dulces picaditos**
**¼ taza cilantrillo fresco**
**1 taza salsa de tomate**
**½ taza vino blanco**
**1 ½ lb. filete de bacalao desalado, cocido y desmenuzado**

1 En un envase mediano mezcla todos los ingredientes de la masa y deja aparte.

2 En una cacerola mediana echa el aceite **BETIS®** extra virgen, calienta y echa la cebolla, ajo, pimientos, tomates, ajíes, cilantrillo y cocina a temperatura mediana por 3 a 5 minutos. Añade el resto de los ingredientes, sazona al gusto y cocina por 5 a 8 minutos.

3 Calienta el horno a 350°F. En un molde rectangular para horneo echa la mitad de la mezcla de yuca y acomoda hasta cubrir el fondo del molde. Echa el bacalao guisado y luego cubre con el resto de la mezcla de yuca. Hornea por 30 a 35 minutos.

### OREJITA

Puedes sustituir el bacalao por filete de pechuga de pollo hervida y desmenuzada.

# PESCADO EN ESCABECHE

*El escabeche es un plato típico de la gastronomía del Perú llevado por los españoles en la poca del virrenaito.*

**PREPARACION Y COCCION**

 20 MIN  30 MIN

**6 PORCIONES**

## INGREDIENTES

**2 lbs. pescado sierra en ruedas adobados: 2 cditas. sal, 2 cdas. ajo**
**½ taza harina de trigo**

SALSA DE ESCABECHE:

**1 taza aceite de oliva BETIS® extra virgen**
**½ taza Wine vinegar BETIS® Tarragon**
**1 cebolla blanca cortada en ruedas**
**4 dientes ajo enteros o rebanados**
**2 zanahorias rebanadas**
**2 ajos puerros troceados**
**1 hoja de laurel**
**6 granitos de pimienta negra**
**sal al gusto**

1 Adoba el pescado y pasa por harina de trigo. Deja aparte.

2 En una cacerola mediana echa todos los ingredientes del escabeche y cocina a temperatura mediana por 10 a 12 minutos. Deja aparte.

3 En una sartén mediana echa 2 tazas de aceite de oliva **BETIS®** for cooking, calienta, echa el pescado y fríe hasta que quede doradito por ambos lados. Repite el procedimiento hasta terminar y coloca sobre papel absorbente.

4 En un molde rectangular de cristal echa la mitad de la salsa, luego coloca el pescado frito y luego echa el resto de la salsa. Deja marinando en el refrigerador por lo menos 1 hora.

# PULPO AL AJILLO

***Presente en todos los mares del mundo, el pulpo es representado por 150 especies diferentes, llegando a medir hasta los siete metros.***

## PREPARACION Y COCCION

15 MIN

1 HR

**6 PORCIONES**

## INGREDIENTES

**2 lbs. pulpo cocido y troceado**
**¼ taza aceite de oliva BETIS® extra virgen**
**4 dientes de ajo rebanados**
**sal al gusto**
**perejil picadito**

1. Calienta el aceite de oliva **BETIS®** extra virgen en una sartén mediana. Añade los ajos y saltea a temperatura mediana por 2 a 3 minutos hasta que los ajos queden doraditos.

2. Añade el pulpo y cocina por 5 minutos. Sazona y decora con perejil fresco picadito.

## OREJITA

Sirve como entremés o sobre lechugas frescas. Acompaña con tostones o mofongo.

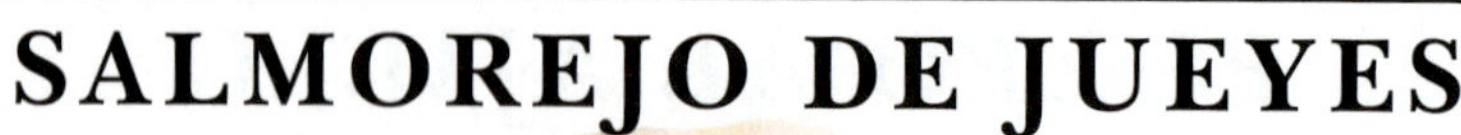

# SALMOREJO DE JUEYES

***En el pueblo costero de Maunabo se celebra el Carnaval del Cangrejo donde sueltan miles de jueyes que las personas recogen con el fin de cocinarlos en una fiesta.***

## PREPARACION Y COCCION

 **15 MIN**  **20 MIN**

**4 PORCIONES**

## INGREDIENTES

**¼ taza aceite de oliva BETIS® extra virgen**
**½ taza c/u pimiento verde, rojo y cebolla picadita**
**1 cdita. ajo triturado**
**½ taza cilantrillo fresco picadito**
**¼ taza aceitunas rebanadas**
**1 taza salsa de tomate**
**¼ taza vino blanco**
**1 hoja de laurel**
**1 cdita. tabasco**
**1 lb. carne de jueyes**
**sal y pimienta al gusto**

1 En una sartén mediana echa el aceite de oliva **BETIS®** extra virgen, calienta, echa la cebolla, pimientos, ajo y cocina a temperatura mediana por 2 a 3 minutos.

2 Añade el resto de los ingredientes, sazona al gusto y cocina a temperatura mediana por 8 a 10 minutos.

# Pollo y Pavo

# FILETITOS DE PECHUGA AL AJONJOLI

*La carne de pollo es bien digerible, baja en grasa y rica en hierro.*

**PREPARACION Y COCCION**

 20 MIN  30 MIN

**4 PORCIONES**

## INGREDIENTES

**2 lbs. filetitos de pechuga adobadas con: 2 cditas. ajo, 1 cda. jengibre fresco rallado, ½ cdita. sal y 2 cdas. salsa soya y 2 claras de huevo**
**½ taza semillitas de ajonjolí**

SALSA:

**1 taza caldo de pollo**
**1 cda. maicena**
**1 cdita. aceite de ajonjolí**
**2 cdas. vinagre de arroz**
**¼ taza salsa soya**
**¼ taza sirope de maíz**
**¼ taza azúcar negra**
**1 cda. jengibre fresco rallado**
**1 cda. salsa habichuelas negras**

1. Adoba las pechugas con anticipación. Luego empana con las semillitas de ajonjolí.

2. En una sartén profunda o wok echa aceite de maíz o maní (1 taza aproximadamente). Calienta, echa los filetitos en porciones pequeñas y fríe hasta que queden doraditos. Repite el procedimiento hasta terminar. Deja aparte.

3. En una cacerola echa el caldo con la maicena y mezcla hasta que se disuelva la maicena. Añade el resto de los ingredientes y cocina a temperatura mediana por 2 horas hasta espesar.

4. En una sartén profunda o wok echa los filetitos, salsa y saltea por 1 minuto. Sirve. Decora con cebollines.

### OREJITA

Puedes añadir vegetales frescos salteados.

# PAVO EN SALSA DE VINO

***El vino es un poderoso antiinflamatorio, actúa como inhibidor en las primeras fases de la arterioesclerosis.***

**PREPARACION Y COCCION**

 20 MIN  2 HORAS

**6 PORCIONES**

## INGREDIENTES

**8 lbs. pavo troceado y adobado con: 2 ½ cdas. sal, 3 cdas. ajo, 6 cdas. aceite de oliva**
**¼ taza mantequilla o aceite de oliva**
**1 cebolla grande picadita**
**2 dientes ajo picaditos**
**8 oz. zanahorias**
**8 oz. setas frescas rebanadas**
**1/3 taza coñac**
**1 botella vino tinto**
**1 cda. azúcar**
**1 masito de hierbas frescas (hoja de laurel, orégano, tomillo)**
**¼ taza harina de trigo**
**¼ taza mantequilla**
**sal al gusto**

1. Adoba el pavo con anticipación y deja marinando en el refrigerador por lo menos ½ hora. Mezcla la harina con la mantequilla y deja aparte.

2. En una cacerola grande echa la tocineta y cocina a temperatura mediana hasta que quede doradita. Echa el pavo y cocina a temperatura mediana por 10 minutos, moviendo ocasionalmente, hasta que quede doradito. Deja aparte.

3. En la misma cacerola echa la cebolla, ajo, zanahorias, setas y cocina por 2 a 3 minutos. Añade el coñac y enciende con un mechero. Una vez que se reduzca el fuego añade el resto de los ingredientes y cocina a temperatura mediana por 2 horas. Añade la mezcla de mantequilla para espesar la salsa.

OREJITA

Acompaña con arroz hervido.

# PAVO ASADO RELLENO

*El pavo es una buena fuente de vitamina B, selenio y zinc.*

**PREPARACION Y COCCION**

 30 MIN  5 HORAS

**15 PORCIONES**

## INGREDIENTES

**1 pavo entero de 10 lbs.**
**adobado con:**
**3 cdas. adobo o sal, 3 cdas. ajo, ¼ taza de tomillo fresco, ¼ taza aceite de oliva, 2 cdas. vinagre**

**Relleno de yuca y/o**
**Relleno de carne y frutas**
**(ver Acompañantes)**

1 Descongela el pavo con anticipación, saca los menudos y deja aparte. Adoba el pavo un día antes de hornear. Mezcla los ingredientes del adobo. Adoba el pavo por dentro de las dos cavidades, debajo y encima de la piel.

2 El relleno también lo debes hacer con anticipación y dejar enfriar. Utiliza tu relleno favorito. Rellena el pavo minutos antes de hornear. Rellena y amarra el pavo. Coloca en un molde de horneo con parrilla con la pechuga hacia abajo. Echa dos tazas de agua en el molde.

3 Cubre el pavo con papel de aluminio y hornea a 325°F por 4 ½ horas. Destapa y hornea por varios minutos hasta que quede doradito.

### OREJITA

Cuando lo pongas a dorar puedes pintarlo con aceite con achiote para añadir color o pintar con mermelada.

# POLLO A LA CACCIATORE

***Cacciatore significa cazador en italiano y esta receta muy famosa es al estilo de cazadores.***

**PREPARACION Y COCCION**

15 MIN

30 MIN

**6 PORCIONES**

## INGREDIENTES

**3 lbs. pollo troceado y adobado con:**
**3 cditas. sal o adobo, 3 cditas. ajo,**
**3 cdas aceite de oliva**
**¼ taza aceite de oliva**
**½ taza cebolla y pimiento picadito**
**2 cditas. ajo triturado**
**8 oz. setas frescas rebanadas**
**½ taza albahaca fresca picadita**
**½ taza vino blanco**
**2 tazas salsa italiana**
**sal al gusto**
**queso parmesano rallado**

1 Adoba el pollo con anticipación y deja marinando en el refrigerador por lo menos ½ hora.

2 En una cacerola mediana echa el aceite de oliva, calienta a temperatura mediana, echa el pollo troceado y cocina 5 minutos hasta que quede doradito por ambos lados. Deja aparte.

3 En la misma cacerola echa la cebolla, pimiento, ajo, setas y cocina a temperatura mediana por 2 a 3 minutos. Añade el pollo y el resto de los ingredientes, sazona al gusto, tapa y cocina a temperatura mediana por 25 minutos.

### OREJITA

Sirve con pasta hervida y añade queso parmesano rallado.

# POLLO AL CALDERO

***El aceite de oliva virgen es recomendado para la infancia y la tercera edad debido al efecto antioxidante sobre la membrana celular.***

**PREPARACION Y COCCION**

 15 MIN  1 HR

**6 PORCIONES**

## INGREDIENTES

**1 pollo entero de 3 lbs. adobado con: 3 cditas. sal, 3 cditas. ajo, 1 cdita. orégano, 2 cdas. aceite de oliva, 1 cda. vinagre**
**4 papas medianas troceadas**
**1 taza agua o vino blanco**
**1 hoja de laurel**

1 Limpia y adoba el pollo con anticipación y amarra con un cordoncito pegando las alas al cuerpo y amarrando los muslos. Deja marinando en el refrigerador por lo menos 1/2 hora.

2 En un caldero mediano echa un chorrito de aceite de oliva, calienta a temperatura mediana, coloca el pollo y cocina hasta que quede doradito por ambos lados, moviendo ocasionalmente sin que se rompa la piel del pollo.

3 Una vez el pollo quede dorado, echa el agua o vino, papas y hoja de laurel, tapa. Cocina a temperatura media baja por 50 minutos. Mueve ocasionalmente.

# POLLO EN FRICASE

*La carne de pollo es rica en minerales como el hierro, zinc, fósforo y potasio.*

**PREPARACION Y COCCION**

 20 MIN  45 MIN

**6 PORCIONES**

## INGREDIENTES

- 3 lbs. de pollo troceado y adobado con 3 cditas. sal, 3 cditas. ajo, ½ cdita. orégano, 3 cdas. aceite de oliva y pimienta al gusto
- ¼ taza aceite de oliva
- ½ taza cebolla picadita
- ½ taza tomate picadito
- ½ taza pimiento verde picadito
- 2 cditas. ajo
- ½ taza cilantrillo fresco picadito
- 1 taza salsa de tomate
- 1 taza vino blanco
- 1 hoja de laurel
- 8 aceitunas rellenas
- 1 taza papas troceadas
- 1 taza zanahoria troceada
- sal al gusto

1 Adoba el pollo con anticipación y deja marinando en el refrigerador por lo menos ½ hora.

2 En una cacerola mediana echa el aceite de oliva, calienta, echa el pollo y cocina a temperatura mediana por 10 minutos hasta que quede doradito por ambos lados. Deja aparte.

3 En la misma cacerola echa la cebolla, tomate, pimiento, ajo, cilantrillo y cocina a temperatura mediana por 2 a 3 minutos. Añade el pollo, el resto de los ingredientes, sazona al gusto, tapa y cocina a temperatura mediana por 30 a 35 minutos.

# POLLO EN SALSA DE GANDULES

***Los gandules tienen su origen en el Africa Tropical y tienen un alto contenido en proteínas.***

**PREPARACION Y COCCION**

 20 MIN 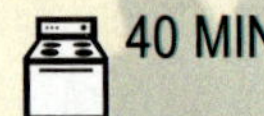 40 MIN

**6 PORCIONES**

## INGREDIENTES

**3 lbs. pollo troceado y adobado con: 3 cditas. sal, 3 cditas. ajo, ½ cdita. orégano fresco, 3 cdas. aceite de oliva**
**¼ taza aceite de oliva**
**¼ lb. jamón de cocinar picadito**
**½ taza c/u cebolla, pimiento verde y rojo picadito**
**1 cdita. ajo triturado**
**¼ taza orégano**
**1 taza salsa de tomate**
**1 sazonador con culantro y achiote**
**2 tazas caldo de pollo**
**1 taza calabaza troceada**
**2 tazas gandules hervidos**
**sal al gusto**

1 Adoba el pollo con anticipación y deja marinando en el refrigerador por lo menos ½ hora.

2 En una cacerola grande echa el aceite, calienta, echa el pollo y cocina a temperatura mediana por 10 minutos hasta que quede doradito. Deja aparte.

3 En la misma cacerola echa el jamón y cocina hasta que quede doradito. Añade la cebolla, pimientos, ajo, orégano y cocina a temperatura mediana por 2 a 3 minutos. Añade el pollo, el resto de los ingredientes, sazona. Tapa y cocina a temperatura mediana por 30 minutos.

# POLLO EN SALSA DE GARBANZOS

***El gran contenido energético del garbanzo ayuda a mantener los niveles de azúcar en la sangre.***

**PREPARACION Y COCCION**

 20 MIN  40 MIN

**6 PORCIONES**

## INGREDIENTES

**3 lbs. pollo troceado y adobado con: 3 cditas. sal, 3 cditas. ajo picadito, ½ cdita. orégano, 3 cdas. aceite de oliva**
**¼ taza aceite de oliva**
**1 cebolla en tiritas**
**2 cditas. ajo picadito o triturado**
**1 pimiento verde en tiritas**
**1 pimiento amarillo en tiritas**
**1 pimiento rojo en tiritas**
**1 lata garbanzos**
**1 cdita. curry**
**1 cdita. jengibre rallado**
**1 taza caldo de pollo**
**½ taza cilantrillo fresco picadito**
**½ taza crema espesa**
**sal al gusto**

1 Adoba el pollo con anticipación y deja en el refrigerador por lo menos ½ hora.

2 En una cacerola echa un chorrito de aceite de oliva y cocina el pollo hasta que quede doradito por ambos lados. Deja aparte.

3 En la misma cacerola echa la cebolla, ajo, pimientos y saltea por 2 a 3 minutos. Añade el pollo, el resto de los ingredientes, sazona al gusto, tapa y cocina a temperatura mediana por 25 a 30 minutos.

# POLLO EN SALSA DE OREGANO

***El orégano tiene su origen en el norte de Europa y es considerado muy buena fuente de fibra.***

**PREPARACION Y COCCION**

 20 MIN 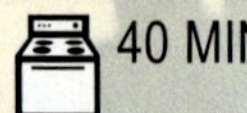 40 MIN

**6 PORCIONES**

## INGREDIENTES

**3 lbs. pollo troceado y adobado con: 3 cditas. sal, 3 cditas. ajo, 3 cdas. aceite de oliva**
**¼ taza aceite de oliva**
**1 taza cebolla picadita**
**8 oz. setas frescas rebanadas**
**1 cdita. ajo triturado**
**½ taza orégano fresco**
**¼ taza mostaza**
**1 pote Salsa RAGU Alfredo®**
**½ taza queso parmesano rallado**

### OREJITA

Añade queso parmesano al momento de servir.

1 Adoba el pollo con anticipación y deja en el refrigerador por lo menos ½ hora.

2 En una cacerola mediana echa un chorrito de aceite de oliva, calienta, echa el pollo troceado y cocina por 10 minutos hasta que quede doradito. Deja aparte.

3 En la misma cacerola echa el aceite de oliva, calienta, echa la cebolla, setas, ajo y saltea por 2 a 3 minutos. Añade el orégano, mostaza, pollo, salsa **RAGU Alfredo®**, sazona, tapa y cocina por 20 a 25 minutos.

RAGÚ
Double Cheddar

100% Natural
Old World Style
RAGÚ
Traditional

RAGÚ
Classic Alfredo

# POLLO EN SALSA DE PIÑA COLADA

***La cebolla es laxante, diurética, un buen tónico nervioso y es rica en vitaminas A, B y C.***

**PREPARACION Y COCCION**

 20 MIN  30 MIN

**6 PORCIONES**

## INGREDIENTES

**3 lbs. pollo troceado y adobado con: 3 cditas. sal, 3 cditas. ajo, 3 cdas. aceite de oliva**

SALSA:

**2 cdas. mantequilla**
**½ taza cebolla picadita**
**1 cdita. ajo triturado**
**1 lata de crema de coco**
**1 taza jugo de piña**
**½ cda. maicena**
**1 taza piña troceada**
**½ taza cherries**
**¼ taza cebollines picaditos**

1 Adoba el pollo con anticipación y deja marinando en el refrigerador por lo menos ½ hora.

2 En una cacerola mediana echa la mantequilla, calienta, echa el pollo y cocina a temperatura mediana por 10 minutos hasta que quede doradito. Deja aparte.

3 En la misma cacerola echa la cebolla, ajo y cocina a temperatura mediana por 2 a 3 minutos.

4 Mezcla la maicena con el jugo de piña, echa en la cacerola, añade la crema de coco y cocina por 5 minutos hasta espesar. Añade el pollo troceado, piñas, cherries y cocina a temperatura mediana por 30 minutos. Sirve y decora con los cebollines.

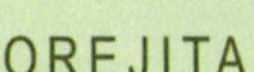

OREJITA

Para variar la receta puedes utilizar pollo o pavo ahumado.

# POLLO MARENGO

***El nombre Marengo surge por la cena después de la famosa batalla del 1800 donde Napoleón venció a Austria.***

**PREPARACION Y COCCION**

 20 MIN  40 MIN

**6 • 8 PORCIONES**

## INGREDIENTES

- ¼ taza aceite oliva
- 1 lb. camarones limpios y adobados
- 3 lbs. pollo troceado y adobado con: 3 cditas. sal, 3 cditas. ajo, 3 cdas. aceite de oliva
- 1 taza cebolla picadita
- 1 taza tomate maduro troceadito
- 1 cdita. ajo triturado
- 8 oz. setas frescas
- 2 cdas. harina de trigo
- 1 taza vino blanco
- 1 masito de hierbas frescas
- 1 sobre azafrán
- sal al gusto

1 Adoba el pollo con anticipación y deja marinando en el refrigerador por lo menos ½ hora. Adoba los camarones y deja aparte.

2 En una cacerola echa el aceite de oliva, calienta, echa los camarones y saltea por 2 a 3 minutos. Deja aparte.

3 En la misma cacerola echa el pollo y cocina a temperatura mediana por 10 minutos hasta que quede doradito por ambos lados. Deja aparte.

4 En la misma cacerola echa la cebolla, pimiento rojo, ajo, tomate, setas y cocina a temperatura mediana por 5 minutos. Echa la harina, pollo, vino, hierbitas, azafrán, sazona al gusto, tapa y cocina por 20 minutos. Añade los camarones y cocina por 10 minutos.

# POLLO AL PORTOBELLO

***Portobello significa "capello" o sombrero grande, gran parecido a las setas.***

**PREPARACION Y COCCION**

 20 MIN  30 MIN

**6 PORCIONES**

## INGREDIENTES

**3 lbs. pollo troceado y adobado con: 3 cditas. sal, 3 cditas. aj, 3 cdas. aceite de oliva**
**2 cdas. aceite de oliva**
**¼ taza mantequilla**
**½ taza cebolla picadita**
**12 dientes ajo enteros**
**8 oz. setas portobello rebanadas**
**1 cda. harina de trigo**
**1 taza crema agria**
**½ taza caldo de pollo**
**½ taza perejil picadito**
**½ cdita. browning sauce**
**sal al gusto**

1 Adoba el pollo con anticipación y deja marinando en el refrigerador por lo menos ½ hora.

2 En una cacerola mediana echa el aceite de oliva, calienta, echa el pollo y cocina a temperatura mediana por 10 minutos hasta que quede doradito. Deja aparte.

3 En la misma cacerola echa la mantequilla, calienta, echa la cebolla, ajos, setas y cocina a temperatura mediana por 2 a 3 minutos. Añade la harina de trigo, crema agria, caldo, perejil, browning sauce, pollo y sazona al gusto. Tapa y cocina a temperatura mediana por 20 minutos.

### OREJITA

Puedes utilizar filete de pechuga, recuerda cocinar por menos tiempo.

# XINXIM

*El tomate es la fuente alimentaria más importante que tiene propiedades antioxidantes.*

**PREPARACION Y COCCION**

 20 MIN  40 MIN

**6 • 8 PORCIONES**

## INGREDIENTES

**¼ taza aceite**
**2 tazas tomates picaditos**
**1 taza pimiento verde picadito**
**1 taza cebolla picadita**
**2 cditas. ajo triturado**
**3 lbs. pollo troceado adobado con:**
**3 cditas. sal, 3 cditas. ajo, 3 cdas. aceite de oliva**
**1 lb. camarones adobados**
**2 tazas caldo de pollo**
**½ taza crema de coco**
**¼ taza cashews triturados**
**¼ taza maní triturado**
**1 cdita. jengibre fresco rallado**
**½ taza cilantrillo**

1 Adoba el pollo y los camarones con anticipación y deja en el refrigerador por lo menos ½ hora.

2 En una cacerola grande echa el aceite, calienta, echa el pollo y cocina a temperatura mediana por 10 minutos hasta que quede doradito. Deja aparte.

3 En la misma cacerola echa el aceite de oliva, tomates, pimiento, cebolla, ajo y cocina a temperatura mediana por 2 a 3 minutos. Añade el pollo, caldo, crema de coco, cashews, maní, jengibre y cocina a temperatura mediana por 25 minutos.

4 Añade los camarones y cocina por 10 minutos. Añade el cilantrillo y sirve.

# Postres

# ARROZ CON DULCE DE COCO

***El coco es el fruto con el más alto contenido calórico y es rico en sales minerales que participan en la mineralización de los huesos.***

**PREPARACION Y COCCION**

 **15 MIN**  **30 MIN**

**10 PORCIONES**

## INGREDIENTES

**1 ½ taza arroz grano corto**
**1 taza agua**
TÉ:
**1 ½ taza agua**
**20 clavitos de especias**
**2 rajas canela**
**1 pedazo de jengibre fresco**
**3 latas leche de coco**
**1 ½ taza azúcar granulada**
**1 taza coco rallado**
**3 cdas. pasas**
**2 cdas. mantequilla**
PARA DECORAR:
**canela en polvo**

1 En un envase pequeño mezcla el arroz, agua y deja aparte.

2 En una cacerola pequeña echa el agua con los clavitos de especias, canela en raja y jengibre. Cocina a temperatura mediana por 5 minutos. Cuela y elimina las especias. Deja aparte.

3 Escurre el arroz, echa en una cacerola, añade el té, la leche de coco y cocina a temperatura mediana por 15 minutos hasta que se reduzca el líquido y el arroz esté cocido.

4 Añade el azúcar, coco, pasas, mantequilla y cocina por 15 minutos. Echa en un platón y decora con canela en polvo.

**OREJITA**

Puedes sustituir el azúcar por endulzador artificial.

# BARRITAS DE GUINEO

***Las nueces restablecen la función endotelial, propiedad de las arterias de dilatarse para transportar más sangre.***

**PREPARACION Y COCCION**

 **20 MIN**

 **30 MIN**

**25 PORCIONES**

## INGREDIENTES

- ¼ taza mantequilla
- ¾ taza azúcar negra
- 2 huevos
- 1 taza harina de bizcocho
- 1 guineo maduro majado
- 1 cdita. extracto de vainilla
- ½ taza nueces picaditas
- 1 taza gotitas de chocolate semidulce

1 Calienta el horno a 350°F. Engrasa y enharina un molde 9" x 9" x 2".

2 En la batidora eléctrica, mezcla la mantequilla con el azúcar y los huevos hasta que quede cremoso. Añade el resto de los ingredientes y mezcla hasta unir.

3 Echa la mezcla en el molde y hornea por 25 a 30 minutos. Deja enfriar y corta en barritas. Decora con azúcar de confección.

# BOMBONES DE FRUTAS

***Los higos son un excelente tónico para las personas que realizan esfuerzos físicos o intelectuales.***

## PREPARACION

 **15 MIN** 

**25 PORCIONES**

## INGREDIENTES

**1 lb. Pound Cake SARA LEE® triturado**
**½ taza higos troceaditos**
**½ taza dátiles troceaditos**
**¼ taza cherries abrillantadas**
**2 cdas. ron blanco**

1. Echa el pound cake **SARA LEE®** en el procesador de alimentos y mezcla hasta triturar.

2. En un envase mediano echa el pound cake **SARA LEE®** triturado y el resto de los ingredientes. Mezcla hasta que quede pastoso.

3. Coge la mezcla por cucharadas y forma bolitas. Repite el procedimiento hasta terminar. Decora con azúcar de confección.

## OREJITA

Puedes cambiar el sabor utilizando 1 pound cake **SARA LEE®** mezclado con 1 taza de coco, 1 taza nueces picaditas y 2 cucharadas de ron.

Dale un giro a tu día.
Sara Lee
A TODOS NOS GUSTA

# BUDIN DIPLOMATICO

*La leche es el más completo y equilibrado de los alimentos, exclusivo del hombre en sus primeros meses de vida y excelente a cualquier edad.*

**PREPARACION Y COCCION**

 **15 MIN**  **1 HR**

**12 PORCIONES**

## INGREDIENTES

- 1 lb. pan triturado
- 4 huevos
- 1 taza azúcar
- 4 tazas leche
- 2 rajas de canela
- 4 anis estrellado
- ½ cdita. sal
- 1 cdita. extracto de vainilla
- ½ cdita. canela en polvo
- ¼ taza uvas pasas
- 1 lata 14 oz. coctél de frutas, escurridas

1. Calienta el horno a 350°F. Prepara un molde con agua para baño de María. Deja aparte.

2. En una taza resistente al microondas mezcla el azúcar y el agua del caramelo. Cocina en el microondas a temperatura máxima (high) por 5 a 7 minutos, hasta que se forme el caramelo. Echa inmediatamente en un molde de 9".

3. En una cacerola mediana echa la leche con el azúcar, canela, anís y cocina a temperatura mediana hasta hervir. Cuela y deja refrescar.

4. En un envase grande mezcla la leche con el pan y añade los huevos con el resto de los ingredientes.Echa la mezcla en el molde acaramelado y hornea por 1 hora en baño de María. Deja enfriar, desmolda y decora a tu gusto.

# CREAM BRULEE

***La yema está formada por lípidos y proteínas siendo la mayor fuente de vitaminas del huevo.***

**PREPARACION Y COCCION**

 **15 MIN**  **30 MIN**

**4 PORCIONES**

## INGREDIENTES

**1 taza leche fresca**
**1 cascarita de limón**
**1 huevo**
**4 yemas de huevo**
**3 cdas. azúcar**
**1 taza crema espesa**
**4 cdas. azúcar negra**

1. En una cacerola pequeña echa la leche fresca, cascarita de limón y cocina hasta hervir. Cuela y deja enfriar.

2. Calienta el horno a 350°F. En un envase mediano, mezcla las yemas con el huevo y azúcar hasta que se disuelva y quede ligeramente cremoso. Añade la leche fresca y la crema espesa.

3. Echa en moldecitos pequeños de horneo. Coloca en un molde con agua y hornea por 30 minutos.

4. Deja refrescar y echa una cucharada de azúcar negra sobre cada moldecito. Quema con una antorcha o coloca en el horno en "broil" hasta que queden doraditos. Sirve inmediatamente.

**OREJITA**
Quema momentos antes de servir.

# MAJARETE

***El agua o líquido que se halla en el coco, cuanto menos maduro el fruto más rico en nutrientes.***

**PREPARACION Y COCCION**

 **15 MIN**  **15 MIN**

**8 PORCIONES**

## INGREDIENTES

**4 tazas leche de coco**
**½ taza azúcar**
**cascarita de limón verde**
**1 cda. mantequilla**
**¼ taza harina de arroz**

1. En una cacerola mediana echa todos los ingredientes y cocina a temperatura mediana por 5 a 8 minutos hasta espesar.

2. Echa en copitas y sirve con canela en polvo rallada.

# MANZANAS ENVUELTAS

*Los españoles extendieron el cultivo de la manzana al nuevo mundo en el siglo XVI.*

**PREPARACION Y COCCION**

 **20 MIN**  **1 HR**

**4 PORCIONES**

## INGREDIENTES

**4 tortillas de harina de trigo**
**RELLENO DE MANZANAS:**
**¼ taza sirope de maíz**
**½ taza azúcar**
**2 cdas. mantequilla**
**1 cdita. canela en polvo**
**4 tazas manzanas troceaditas**
**1/3 taza crema agria**
**2 cdas. ron**
**2 cdas. licor de china**
**2 cdas. mantequilla derretida**
**azúcar de canela para decorar**

1 En una sartén echa el sirope, azúcar, mantequilla y cocina a temperatura mediana hasta que comience a burbujear. Echa las manzanas, crema agria, ron, licor y cocina a temperatura mediana, moviendo ocasionalmente, por 25 a 30 minutos o hasta que el líquido se reduzca.

2 Calienta el horno a 350°F. Divide las manzanas en cuatro partes. Rellena cada tortilla con las manzanas, enrolla y coloca en un molde de horneo. Unta la mantequilla derretida sobre los rollitos y luego salpica con el azúcar de canela.

3 Hornea por 30 minutos.

**OREJITA**

Sirve calientitas. Las puedes acompañar con helado de vainilla.

# MERENGON

*La clara del huevo contiene más de la mitad de la proteína del huevo, riboflavina y niacina.*

**PREPARACION Y COCCION**

 **30 MIN**  **2 HRS**

**12 PORCIONES**

## INGREDIENTES

**1 taza azúcar para el caramelo**
**¼ taza agua**
MERENGÓN:
**12 claras de huevos**
**1 ½ taza azúcar**
**1 cdita. extracto de vainilla**
**¼ cdita. cremor tártaro**
NATILLA:
**2 tazas leche**
**2 yemas de huevo**
**½ taza azúcar**
**cáscara de limón verde**
**2 cdas. maicena**

1 En una taza resistente al microondas mezcla el azúcar y el agua del caramelo. Cocina en el microondas a temperatura máxima (high) por 5 a 7 minutos hasta que se forme el caramelo. Echa inmediatamente en el molde del merengón.

2 Calienta el horno a 500°F. Bate las claras a punto de nieve. Añade el azúcar poco a poco hasta terminar y que las claras queden bien duritas. Echa el cremor tártaro, la vainilla y mezcla. Echa la mezcla de claras en el molde, acomodando y compactando las claras hasta unir. Coloca el molde en el horno y apaga el horno. Deja en el horno por 2 horas. Saca del horno y deja enfriar.

3 Prepara la natilla. En una cacerola echa la mitad de la leche con el azúcar, la cáscara de limón y cocina por varios minutos. Mezcla el resto de la leche, yemas y la maicena hasta que se disuelva. Echa en la cacerola, mezcla rápidamente y cocina hasta espesar. Retira de la hornilla, elimina las cascaritas y deja refrescar. Coloca en el refrigerador.

4 Sirve el merengón con la natilla.

### OREJITA

También puedes servir con salsa de chocolate y acompañar con fresones frescos.

# MOUSSE DE CHOCOLATE

*Considerado por los aztecas "alimento de los dioses," el chocolate paso a ser popular entre los conquistadores.*

## PREPARACION Y COCCION

 15 MIN  5 MIN

**4 PORCIONES**

## INGREDIENTES

**6 oz. chocolate semi dulce**
**½ taza leche**
**1 yema de huevo**
**½ taza azúcar**
**¼ taza agua**
**1 sobre gelatina sin sabor**
**1 clara de huevo batida a punto de nieve**
**8 oz. crema espesa batida a punto de nieve**

1 En una taza resistente al microondas, mezcla el chocolate con la leche y calienta en el microondas a temperatura máxima (high) por 1 minuto. Mezcla hasta que el chocolate se derrita. Añade la yema de huevo, azúcar y mezcla hasta que quede cremoso.

2 Mezcla la gelatina con el agua, calienta en el microondas por 35 segundos y luego añade a la mezcla de chocolate. Echa en un envase mediano.

3 Añade la clara batida a punto de nieve en forma envolvente. Luego añade la crema batida en forma envolvente.

4 Sirve en copas y deja en el refrigerador hasta que obtenga la consistencia suficiente para servir.

## OREJITA

Se puede poner en un molde grande o sobre un bizcocho.

# MOUSSE DE GUANABANA

*La guanábana fue uno de los primeros árboles frutales americanos en ser llevados al viejo mundo.*

## PREPARACION

 15 MIN 

6 PORCIONES

## INGREDIENTES

- 1 taza jugo de guanábana concentrado o pulpa de guanábana fresca triturada
- 1 taza leche condensada
- 1 ½ sobre gelatina sin sabor
- ¼ taza agua
- 1 cdita. extracto de vainilla
- 1 taza crema espesa batida a punto de nieve

1 En el procesador de alimentos, mezcla el jugo o pulpa de guanábana con la leche condensada. Echa en un envase mediano y deja aparte.

2 En una taza para microondas mezcla la gelatina con el agua y calienta en el microondas a temperatura máxima (high) por 30 segundos. Echa en la mezcla de guanábana.

3 Añade la crema batida en forma envolvente. Sirve en copas o en un molde. Deja en el refrigerador hasta obtener la consistencia suficiente para servir.

## OREJITA

Puedes sustituir la leche condensada por leche evaporada y utilizar azúcar o sustituto de azúcar.

# PASTELILLITOS DE GUAYABA

***La guayaba tiene un alto contenido de vitaminas A y C, es baja en calorías y no contiene colesterol.***

PREPARACION Y COCCION

 10 MIN  20 MIN

20 PORCIONES

INGREDIENTES

**1 masa de hojaldre cortada en cuadros de 2" x 2" ó 3" x 3"**
**1 pqt. pasta de guayaba derretida**
**1 huevo ligeramente batido**

**azúcar de confección**

1 Calienta el horno a 375°F. Prepara una bandeja de horneo. Echa un chorrito de agua en el molde y coloca una hoja de papel de horneo.

2 Corta la masa en cuadros de 2" x 2" ó 3" x 3" y coloca sobre el papel de horneo. Unta huevo batido sobre la masa. Hornea por 15 a 18 minutos hasta que queden doraditos.

3 Deja refrescar. Abre cada pastelillito y rellena con la pasta de guayaba derretida o rellena con la ayuda de una manga de pastelería.

4 Decora con azúcar de confección cernida.

# QUESITOS

***En el queso crema se utilizan cultivos lácteos, para obtención de una cuajada ácida de cuerpo suave.***

**PREPARACION Y COCCION**

 **20 MIN**  **20 MIN**

**15 PORCIONES**

## INGREDIENTES

**1 masa hojaldre cortada en cuadros de 3" x 3"**
**1 pqt. 8 oz. queso crema**
**¾ taza azúcar granulada**
**½ taza apricot coating**

1 Calienta el horno a 375°F. Prepara una bandeja de horneo. Echa un chorrito de agua en el molde y coloca una hoja de papel de horneo.

2 Corta la masa en cuadros 2" x 3". Coloca en el centro de cada masa un trocito de queso crema y una cucharadita de azúcar.

3 Unta huevo batido en las puntas de la masa. Enrolla cada quesito en forma redonda o diagonal.

4 Coloca en la bandeja sobre el papel de horneo.

5 Unta huevo batido sobre los quesitos. Hornea por 18 a 20 minutos hasta que queden doraditos. Decora con apricot coating o azúcar de confección.

### OREJITA

Puedes mezclar el queso crema con el azúcar y colocar en una manga de pastelería con una punta ancha redonda.

# QUINDAO

***En este postre se expresa el afecto de la cocina brasilera hacia el azúcar y el coco.***

**PREPARACION Y COCCION**

 **15 MIN**  **40 MIN**

**10 PORCIONES**

## INGREDIENTES

**10 yemas de huevos**
**2 huevos enteros**
**2 taza azúcar**
**2 tazas coco rallado**
**½ cda. ralladura de limón**
**½ cda. mantequilla**

1 Calienta el horno a 350°F. Prepara un molde con agua para baño de María.

2 Engrasa un molde de tarta de 9" con la mantequilla derretida.

3 En la batidora eléctrica, mezcla las yemas de huevo, huevos enteros y el azúcar hasta que quede cremoso. Añade el coco y la ralladura de limón.

4 Echa la mezcla en el molde engrasado. Coloca el molde dentro del molde con agua.

5 Hornea por 50 minutos. Deja enfriar y vira el molde sobre una bandeja.

### OREJITA

Este postre hay que virarlo y cuando lo desmoldes, la parte de arriba del postre quedará con la apariencia de un cristal amarillo limón.

# TEMBLEQUE

***El coco contiene vitamina E y vitaminas hidrosolubles necesarias para el buen funcionamiento de nuestro organismo.***

**PREPARACION Y COCCION**

 **10 MIN**  **20 MIN**

**8 PORCIONES**

## INGREDIENTES

**4 tazas leche de coco**
**½ taza azúcar**
**2 rajas de canela**
**½ taza maicena**
**canela en polvo**

1 En una cacerola mediana echa 3 tazas leche de coco, azúcar, canela en rajas y cocina por varios minutos hasta hervir.

2 En un envase pequeño echa la maicena con la leche reservada. Echa en la cacerola, mezcla rápidamente y cocina hasta espesar. Elimina la canela en raja.

3 Echa la mezcla en copitas o moldecitos y decora con canela en polvo.

## OREJITA

Esta receta queda con una consistencia bien suave. Para que quede bien espesa añade ¼ taza de maicena adicional.

# TIRAMISU RAPIDITO

*Comercialmente el café es la bebida número uno del mundo.*

**PREPARACION**

 **20 MIN** 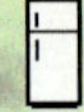

**12 PORCIONES**

## INGREDIENTES

**16 oz. queso mascarpone**
**½ taza azúcar**
**1 cdita. extracto de vainilla**
**¼ taza Cielito Rosado Café Gourmet Premium colado**
**2 cdas. licor de café**
**1 cdita. brandy**
**1 sobre gelatina sin sabor**
**¼ taza agua**
**1 taza crema espesa batida a punto de nieve**
**cocoa o chocolate rallado**
**1 bizcocho esponjoso horneado (redondo o cuadrado de 9")**

1 En el procesador de alimentos mezcla el queso con el azúcar, vainilla, café y licores hasta que quede cremoso.

2 En una taza resistente al microondas, mezcla la gelatina sin sabor con el agua y calienta en el microondas por 30 segundos. Echa la gelatina en la mezcla de queso y luego añade la crema batida en forma envolvente.

3 Corta el bizcocho en dos rebanadas. Coloca una rebana de bizcocho en el molde, echa un chorrito de licor de café, luego echa la mitad de la mezcla de queso y luego rocía cocoa en polvo.

4 Coloca la otra rebanada de bizcocho, echa un chorrito de licor de café, echa el resto de la mezcla de queso y termina decorando con cocoa en polvo. Deja en el refrigerador por varias horas hasta que obtenga la consistencia suficiente para desmoldar y servir.

**OREJITA**

Puedes sustituir el queso mascarpone por queso crema y utilizar sustituto de azúcar.

# Salsas

# CHIMICHURRI

***El vinagre tiene muchos usos en comidas como resaltador del sabor, ablandador de carnes y preservante natural de alimentos.***

**PREPARACION**

 **10 MIN** 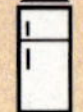

**8 PORCIONES**

**INGREDIENTES**

**1 taza aceite de oliva**
**2 cdas. agua**
**1 cdas. jugo de limón**
**1 cdita. ajo triturado**
**½ cdita. orégano**
**½ taza cebolla bien picadita**
**½ taza perejil fresco picadito**
**½ taza vinagre de vino**
**sal y pimienta al gusto**

1 En un envase mediano mezcla todos los ingredientes y luego coloca en una botella.

2 Deja en el refrigerador hasta el momento de servir.

**OREJITA**

Sabrosa para acompañar churrascos. Para variar el sabor puedes añadir unas gotitas de pique, y/o combinar con cilantrillo.

# MOJITO ISLEÑO

*La capsaicina es la molécula del ají que produce su picor.*

**PREPARACION Y COCCION**

 **15 MIN**  **20 MIN**

**10 PORCIONES**

## INGREDIENTES

- ¼ taza aceite de oliva extra virgen
- 1 taza c/u cebolla, pimiento verde y rojo
- 2 cditas. ajo triturado
- 2 ajies dulces picaditos
- ½ taza cilantrillo fresco
- ¼ cdita. orégano
- 1 taza salsa dulce
- ½ taza salsa de tomate
- 2 cdas. vinagre blanco
- sal y pimienta al gusto
- gotitas salsa picante (opcional)

1 En una cacerola echa el aceite, calienta a temperatura mediana, echa la cebolla, pimientos, ajos, ajies y cocina por 3 a 5 minutos. Añade el resto de los ingredientes, sazona al gusto. Tapa y cocina a temperatura media baja por 10 a 15 minutos.

**OREJITA**

Con esta salsa puedes guisar pescados como el bacalao, sierra y otros.

# SALSA BBQ

***La cebolla es rica en azufre y es junto con el ajo, uno de los mejores remedios naturales.***

**PREPARACION Y COCCION**

 **10 MIN**  **15 MIN**

**6 PORCIONES**

## INGREDIENTES

**¼ taza aceite de maíz**
**½ taza cebolla picadita**
**1 taza ketchup**
**¼ taza vinagre**
**¼ taza azúcar negra**
**1 cda. melaza**
**1 cdita. smoke liquid mesquite**
**2 cdas. salsa inglesa**
**1 cda. mostaza**

**OREJITA**

Perfecta para acompañar carnes o aves asadas.

1 En una cacerola pequeña echa el aceite, calienta a temperatura mediana, echa la cebolla y cocina por 2 a 3 minutos. Añade el resto de los ingredientes y cocina a temperatura media baja por 5 a 8 minutos.

# SALSA COCTEL

***El aceite de oliva soporta 180 °F, por lo que es el aceite vegetal ideal para freir.***

**PREPARACION**

 **10 MIN** 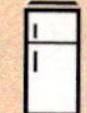

**6 PORCIONES**

**INGREDIENTES**

**½ taza salsa dulce (ketchup)**
**¼ taza aceite de oliva extra virgen**
**1 cdita. ajo triturado**
**1 cdita. azúcar**
**1 cdita. jugo de limón**
**salsa picante (opcional)**
**pimienta al gusto**

1 En el procesador de alimentos mezcla todos los ingredientes hasta que quede cremoso.

# SALSA DE AJO Y PARMESANO

*El ajo disminuye la agregación de plaquetas a modo de anticoagulante natural y favorece la fluidificación de la sangre.*

**PREPARACION Y COCCION**

 5 MIN  5 MIN

**4 PORCIONES**

## INGREDIENTES

**1 taza salsa Alfredo**
**½ taza queso parmesano rallado**
**½ cda. ajo triturado**
**2 cdas. aceite de oliva**

1 En una cacerola pequeña echa todos los ingredientes y cocina a temperatura mediana por 5 minutos.

## OREJITA

Sirve con frituritas o con tu pasta favorita.

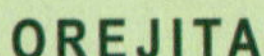

# SALSA DE ALBAHACA Y PARMESANO

***Las hojas de albahaca se utilizan tanto frescas como desecadas, pues no pierden el aroma tras el proceso.***

## PREPARACION

10 MIN 

**6 PORCIONES**

## INGREDIENTES

**½ taza mayonesa**
**¼ taza aceite de oliva**
**1 cdita. ajo triturado**
**2 cdas. queso parmesano rallado**
**¼ taza albahaca fresca picadita**
**sal y pimienta al gusto**

1 En un envase pequeño mezcla todos los ingredientes y deja en el refrigerador hasta el momento de servir.

## OREJITA

Perfecta para acompañar frituritas.

# SALSA DE ALCAPARRITAS

*Las alcaparras deben ser cosechadas a mano antes del tercer día de aparecer en la planta.*

**PREPARACION Y COCCION**

 **10 MIN**  **15 MIN**

**6 PORCIONES**

## INGREDIENTES

**2 cdas. mantequilla**
**½ taza cebolla picadita**
**1 cdita. ajo triturado**
**2 cdas. harina de trigo**
**1 taza crema ligera**
**pizca nuez moscada**
**½ taza alcaparritas**
**sal al gusto**

1 En una cacerola mediana echa la mantequilla, calienta, echa la cebolla, ajo y cocina hasta que quede doradita. Añade la harina de trigo, la crema ligera poco a poco y luego añade el resto de los ingredientes.

**OREJITA**

Sirve con pescado, cerdo o pollo.

# SALSA DE CALABAZA

***El elevado contenido en betacaroteno y alfacaroteno de la calabaza, disminuyen el riesgo frente al cáncer de próstata y enfermedades cardiacas.***

**PREPARACION Y COCCION**

 **20 MIN**  **20 MIN**

**8 PORCIONES**

## INGREDIENTES

**¼ taza aceite de ollva o mantequilla**
**8 oz. tocineta troceadita**
**1 taza cebolla picadita**
**1 cdita. ajo triturado**
**4 tazas calabaza hervida y majada**
**1 taza crema espesa**
**½ taza queso parmesano rallado**
**sal y pimienta al gusto**

1 En una cacerola echa el aceite o mantequilla, calienta a temperatura mediana, echa la tocineta y cocina hasta que quede doradita. Añade la cebolla, ajo y cocina por 2 a 3 minutos.

2 Añade el resto de los ingredientes, sazona al gusto y cocina a temperatura media baja por 5 a 8 minutos. Sirve con pasta favorita.

**OREJITA**

Sirve con pastas. Puedes sustituir la tocineta por bacon bits y utilizar leche desnatada.

# SALSA DE ARANDANOS

***El arándano o cranberry, tiene la capacidad de proteger y fortalecer las paredes de los pequeños vasos sanguíneos conocidos como capilares.***

**PREPARACION Y COCCION**

 **10 MIN**  **20 MIN**

**8 PORCIONES**

## INGREDIENTES

**12 oz. cranberries frescas (arándanos)**
**1 taza azúcar**
**cáscara de china**
**1 taza jugo de china**
**¼ taza licor de china o sabor a china**

1 En una cacerola echa todos los ingredientes. Cocina a temperatura mediana por 15 a 20 minutos.

**OREJITA**

Perfecta para acompañar aves.

# SALSA DE GUAYABA

***Por su contenido de fibra, la guayaba es recomendable para personas que padecen de estreñimiento o colesterol elevado.***

**PREPARACION Y COCCION**

 **10 MIN**  **15 MIN**

**8 PORCIONES**

## INGREDIENTES

**2 cdas. aceite de oliva**
**½ taza cebolla picadita**
**1 cdita. ajo triturado**
**1 taza salsa dulce (ketchup)**
**½ taza jugo de guayaba concentrado**
**½ taza pasta de guayaba troceadita**
**1 cda. salsa soya**
**½ cda. jengibre fresco rallado**

1. En una cacerola echa el aceite de oliva, calienta, echa la cebolla, ajo y cocina a temperatura mediana por 2 a 3 minutos.

2. Añade el resto de los ingredientes y cocina a temperatura mediana por 5 a 8 minutos.

**OREJITA**

Sirve con pollo, pavo o cerdo.

# SALSA DE MANGO

*El mangó es muy rico en vitaminas A y C, minerales, fibras y anti-oxidantes; siendo bajo en calorías, grasas y sodio.*

**PREPARACION Y COCCION**

 **10 MIN**  **15 MIN**

**6 PORCIONES**

## INGREDIENTES

**1 taza jugo de mangó**
**1 taza mangó maduro picadito**
**¼ taza crema espesa**
**¼ taza azúcar granulada**
**¼ taza vino blanco**

1 En una cacerola pequeña mezcla todos los ingredientes y cocina a temperatura mediana por 10 a 12 minutos. Sazona al gusto.

**OREJITA**

Sirve con pollo, pavo o cerdo.

# SALSA DE PARCHA Y BBQ

*La parcha es una buena fuente de vitaminas A y C, así como hierro y potasio.*

**PREPARACION Y COCCION**

 **10 MIN**  **10 MIN**

**6 PORCIONES**

## INGREDIENTES

**1 taza salsa BBQ**
**½ taza jugo de parcha concentrado**
**½ taza miel**
**1 cda. jengibre rallado**

1 En una cacerola pequeña, mezcla todos los ingredientes y cocina a temperatura mediana por 5 a 8 minutos.

**OREJITA**

Perfecta para alitas de pollo, pollo troceado, pavo o salmón.

# SALSA DE PERAS AL CURRY

***La pera contiene ácido fólico que ayuda en la expulsión de ácido úrico del cuerpo, recomendado para los enfermos de gota.***

**PREPARACION Y COCCION**

 **10 MIN**  **15 MIN**

**6 PORCIONES**

## INGREDIENTES

**1 taza jugo de peras**
**1 cda. maicena**
**1 cdita. curry en polvo**
**½ taza caldo de pollo**
**½ cda. jengibre fresco rallado**
**1 cdita. ajo triturado**
**1 cda. azúcar**

1. En una cacerola mediana echa el jugo de peras y mezcla con la maicena hasta que se disuelva.

2. Añade el resto de los ingredientes y cocina a temperatura mediana por 5 a 8 minutos hasta espesar.

**OREJITA**

Perfecta para acompañar pollo, pavo o cerdo.

# SALSA DE SETAS

***Las setas poseen el doble del contenido de proteínas que los vegetales y disponen de los nueve aminoácidos esenciales.***

**PREPARACION Y COCCION**

15 MIN 15 MIN

**4 PORCIONES**

## INGREDIENTES

**¼ taza mantequilla derretida**
**1 taza cebolla picadita**
**8 oz. setas frescas rebanadas**
**½ cda. harina de trigo**
**1 cdita. browning sauce**
**¼ cdita. salsa inglesa**
**½ taza caldo de pollo**
**½ taza vino jerez**
**sal y pimienta al gusto**

1 En una sartén echa la mantequilla y derrite. Echa la cebollas, setas y saltea a temperatura mediana por 2 a 3 minutos.

2 Añade la harina de trigo, caldo y el vino poco a poco. Añade el browning sauce, salsa inglesa. Sazona al gusto y cocina por 5 minutos.

**OREJITA**

Sirve con carnes asadas o preparadas a la barbacoa.

# SALSA MARINARA

***Por sus altas propiedades antioxidantes, el tomate es un excelente aliado contra el cáncer.***

**PREPARACION Y COCCION**

 **15 MIN**  **20 MIN**

**6 PORCIONES**

## INGREDIENTES

**¼ taza aceite de oliva**
**2 cditas. ajo triturado**
**1 taza cebolla picadita**
**lata 28 oz. tomates guisados**
**6 oz. pasta de tomate**
**1 cdita. azúcar**
**albahaca fresca picadita**

1 En una cacerola echa el aceite de oliva, calienta, echa el ajo, cebolla y cocina a temperatura mediana por 2 a 3 minutos.

2 Añade el resto de los ingredientes, sazona al gusto y cocina a temperatura media baja por 15 a 20 minutos.

**OREJITA**

Perfecta para pastas.

# SALSA ORIENTAL

*El vinagre no contiene sal, ni grasa, ni calorías.*

**PREPARACION Y COCCION**

**10 MIN N**

**15 MI**

**6 PORCIONES**

## INGREDIENTES

- 1 taza caldo de pollo
- 1 cda. maicena
- 2 cdas. vinagre de arroz
- ¼ taza salsa soya
- ¼ taza sirope de maíz
- ¼ taza azúcar negra
- 1 cda. jengibre fresco rallado
- 1 cda. salsa habichuelas negras

**OREJITA**

Perfecta para acompañar pollo, pavo o cerdo. Puedes prepararla con anticipación y congelar.

1 En una cacerola echa el caldo con la maicena y mezcla hasta que se disuelva la maicena.

2 Añade el resto de los ingredientes y cocina a temperatura mediana por 5 minutos hasta espesar.

# SALSA PESTO

***Las nueces son el alimento que mayor cantidad de antioxidantes contiene.***

## PREPARACION

 **10 MIN** 

**6 PORCIONES**

## INGREDIENTES

**½ taza aceite de oliva**
**1 taza albahaca fresca picadita**
**¼ taza queso parmesano rallado**
**1 cdita. ajo triturado**
**2 cdas. nueces picaditas**

1 En el procesador de alimentos mezcla todos los ingredientes de la salsa pesto hasta que quede pastosa.

## OREJITA

Perfecta para añadir a las pastas o para añadir sabor a otra receta como los dips, aves, camarones y otros.

# SALSA TARTARA

***La base de la mayonesa es el aceite y la convierte en una de las salsas con un contenido energético muy elevado.***

## PREPARACION

 10 MIN 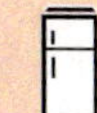

**6 PORCIONES**

## INGREDIENTES

**1 taza mayonesa**
**¼ taza indian relish**
**1 cda. jugo de limón**
**¼ taza perejil fresco picadito**
**¼ taza cebollines picaditos**
**½ cda. azúcar**

1 Mezcla todos los ingredientes y sirve fría.

## OREJITA

Perfecta para acompañar mariscos, pescados o frituras.

# SALSA TERIYAKI

***Las propiedades del jengibre exceden sus funciones como condimento y en la actualidad se estudian algunos beneficiosos efectos en la salud.***

## PREPARACION Y COCCION

 **10 MIN**  **10 MIN**

**8 PORCIONES**

## INGREDIENTES

**1 taza salsa dulce (ketchup)**
**½ taza vino jerez o de arroz**
**½ taza salsa soya**
**2 cditas. ajo triturado**
**2 cditas. jengibre fresco rallado**
**2 cditas. azúcar**

1 En una cacerola mediana echa todos los ingredientes y cocina a temperatura media baja por 5 a 8 minutos.

### OREJITA

Sirve con pollo, pavo o cerdo.

# Sopas y Cremas

# ASOPAO DE CAMARONES

***Antiguas evidencias arqueológicas demuestran que el arroz ha sido el alimento de la humanidad por más de 5.000 años.***

**PREPARACION Y COCCION**

 **15 MIN**  **25 MIN**

**6 PORCIONES**

## INGREDIENTES

**2 cdas. aceite de oliva**
**¼ taza sofrito**
**½ taza salsa de tomate**
**¾ taza arroz grano largo o mediano**
**4 a 5 tazas caldo de pescado**
**½ taza pimiento morrón picadito**
**¼ taza cilantrillo fresco**
**sal al gusto**
**1 lb. camarones limpios y adobados**

1 Adoba los camarones con anticipación y deja en el refrigerador hasta el momento de comenzar a preparar la receta.

2 En una cacerola mediana echa el aceite de oliva, calienta a temperatura mediana y echa el sofrito, salsa de tomate y cocina por 2 a 3 minutos.

3 Añade el caldo, arroz, pimiento morrón, cilantrillo y cocina a temperatura mediana por 20 minutos. Añade los camarones y cocina por 15 minutos.

**OREJITA**

Puedes utilizar camarones pre-cocidos y añadir al final.

# CALDO GALLEGO

*Las acelgas son ricas en potasio, un mineral esencial para eliminar toxinas.*

**PREPARACION Y COCCION**

20 MIN

1½ HR

**12 PORCIONES**

## INGREDIENTES

- ¼ taza aceite de oliva
- 1 taza jamón de cocinar
- 1 taza cebolla picadita
- 2 chorizos rebanados
- ½ lb. carne de res picadita
- ½ lb. carne de cerdo picadita
- 1 lb. pollo troceadito
- 4 tazas papas troceaditas
- 10 oz. acelgas troceaditas
- 2 tazas habichuelas blancas o habas
- 8 tazas agua o caldo de pollo
- sal al gusto

1 En una cacerola grande echa el aceite de oliva, calienta, echa el jamón y cocina por 2 a 3 minutos. Añade la cebolla, carnes y cocina a temperatura media baja por 30 minutos.

2 Añade el resto de los ingredientes, tapa y cocina a temperatura mediana por 1 hora.

**OREJITA**

Puedes sustituir las acelgas por espinacas frescas.

# CREMA DE BRECOL Y QUESO

***El brécol contiene más nutrientes que cualquier otro vegetal.***

**PREPARACION Y COCCION**

 **15 MIN**  **15 MIN**

**4 PORCIONES**

## INGREDIENTES

**2 cdas. mantequilla o margarina**
**¼ taza harina de trigo**
**½ taza cebolla picadita**
**2 tazas brécol troceadito**
**3 tazas caldo de pollo**
**1 taza crema espesa**
**1 taza queso americano troceado**
**½ taza queso cheddar rallado**

**PARA ADORNAR:**

**queso cheddar rallado**
**tomates troceaditos**
**cilantrillo picadito**

1. En una cacerola mediana echa la mantequilla, calienta a temperatura mediana, echa la cebolla, ajo y cocina por 2 minutos.

2. Añade la harina de trigo, el brécol, caldo, crema, queso y cocina a temperatura mediana por 12 a 15 minutos hasta espesar.

3. Sirve y decora con queso cheddar rallado, tomates troceaditos y cilantrillo.

### OREJITA

Puedes utilizar brécol fresco o congelado, sustituir los quesos por quesos bajos en grasa.

# CREMA DE CALABAZA

***La calabaza es una gran fuente de potasio, contiene vitamina C y betacaroteno.***

## PREPARACION Y COCCION

20 MIN

35 MIN

**10 • 12 PORCIONES**

## INGREDIENTES

**¼ taza aceite de oliva**
**1 ½ tazas cebolla picadita**
**1 ½ cda. ajo triturado**
**1/3 taza harina de trigo**
**3 tazas caldo de pollo**
**6 tazas calabaza troceada**
**½ cdita. curry en polvo**
**4 oz. queso crema**
**¼ taza queso parmesano rallado**
**sal al gusto**

1 En una cacerola echa el aceite de oliva, calienta, echa la cebolla, ajo y cocina por 3 a 5 minutos. Añade la harina de trigo y el caldo de pollo poco a poco.

2 Añade la calabaza, curry, quesos y cocina por 30 minutos. Deja enfriar y pasa por el procesador de alimentos hasta que quede cremoso.

3 Sirve caliente y decora con queso parmesano rallado.

### OREJITA

Puedes utilizar queso crema libre de grasa y sustituir el curry por un sazonador con culantro y achiote.

# CREMA DE CALABAZA Y COCO

***En 1896 en India se origina la primera mezcla de especias comercial llamada Curry.***

**PREPARACION Y COCCION**

 **20 MIN**  **35 MIN**

**6 PORCIONES**

## INGREDIENTES

- ¼ taza aceite de oliva o mantequilla
- 1 ½ taza cebolla picadita
- 1 cda. ajo triturado
- 3 cdas. harina de trigo
- 1 ½ taza caldo de pollo
- 1 ½ taza leche de coco
- 6 tazas calabaza troceada
- 1cdita. curry en polvo
- ¼ taza queso parmesano rallado
- sal al gusto

1 En una cacerola echa el aceite de oliva o mantequilla, calienta, echa la cebolla, ajo y cocina por 3 a 5 minutos. Añade la harina de trigo, leche de coco y el caldo de pollo poco a poco.

2 Luego añade la calabaza, curry y cocina por 30 minutos. Deja enfriar y pasa por el procesador de alimentos hasta que quede cremoso.

3 Sirve caliente y decora con queso parmesano rallado.

**OREJITA**

Puedes sustituir el curry por sazonador con culantro y achiote.

# CREMA DE ESPARRAGOS

*El espárrago, oriundo de Mesopotamia, es uno de los alimentos que menos calorías aporta.*

## PREPARACION Y COCCION

 15 MIN  30 MIN

4 • 6 PORCIONES

## INGREDIENTES

**¼ taza mantequilla o aceite de oliva**
**1 taza cebolla picadita**
**1 cdita. ajo triturado**
**¼ taza harina de trigo**
**2 tazas caldo de pollo**
**2 taza crema ligera**
**1 pqt. espárragos frescos picaditos**
**sal a gusto**

1 En una cacerola echa la mantequilla o aceite de oliva, calienta a temperatura mediana, echa la cebolla, ajo y cocina por 2 a 3 minutos. Echa la harina de trigo, caldo, crema ligera y la mitad de los espárragos picaditos. Cocina por 15 a 20 minutos.

2 Deja refrescar y pasa por el procesador de alimentos. Echa la crema en la cacerola y echa el resto de los espárragos. Cocina por 2 a 3 minutos.

## OREJITA

Puedes utilizar espárragos enlatados o congelados.

# CREMA DE GUISANTES

***Los guisantes son ricos en fibra y zinc siendo uno de los escalones más recomendados de la pirámide nutricional.***

**PREPARACION Y COCCION**

 **15 MIN**  **25 MIN**

**4 • 6 PORCIONES**

## INGREDIENTES

**¼ taza aceite de oliva**
**1 taza cebolla picadita**
**1 cdita. ajo triturado**
**½ taza cilantrillo fresco**
**4 tazas papas troceadas**
**2 tazas guisantes cocidos**
**4 tazas caldo de pollo**
**sal al gusto**

AÑADIR LUEGO:

**2 tazas guisantes**
**¼ taza queso parmesano rallado**

1. En una cacerola mediana echa el aceite de oliva, calienta, echa la cebolla, ajo, cilantrillo y cocina por 2 a 3 minutos.

2. Añade la mitad de los guisantes y el resto de los ingredientes. Cocina a temperatura mediana por 25 minutos.

3. Deja enfriar y luego pasa por el procesador de alimentos hasta que quede cremoso. Echa nuevamente en la cacerola, añade el resto de los guisantes y el queso parmesano rallado. Sirve caliente.

### OREJITA

Sirve y decora con cebollines.
Puedes añadir tocinetas fritas.

# CREMA DE PAPA Y AJO PUERRO

***El ajo puerro se recomienda por su alto porcentaje en sales minerales como fósforo, calcio y potasio.***

**PREPARACION Y COCCION**

 **15 MIN**  **25 MIN**

**6 PORCIONES**

## INGREDIENTES

**¼ taza aceite de oliva o mantequilla**
**2 ajos puerros picaditos (leek)**
**4 tazas papas troceadas**
**4 tazas caldo de pollo**
**½ taza crema espesa**
**pizca nuez moscada**
**pimienta negra o blanca**
**sal al gusto**

1 En una cacerola mediana echa el aceite o mantequilla, calienta, echa el ajo puerro y cocina a temperatura mediana por 2 a 3 minutos. Añade las papas, caldo de pollo y cocina por 20 minutos.

2 Deja enfriar y tritura en el procesador de alimentos o con un triturador manual. Echa la sopa en la cacerola, añade la crema espesa, y sazona al gusto.

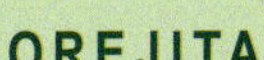

## OREJITA

Puedes sustituir las papas por 1 sobre grande de papas instantáneas. Sirve caliente y decora con crema agria, cebolletas y tocineta.

# CREMA DE PLATANO

*El plátano es rico en ácido fólico que interviene en la producción de glóbulos rojos y blancos.*

**PREPARACION Y COCCION**

 **10 MIN**  **30 MIN**

**4 • 6 PORCIONES**

## INGREDIENTES

**2 plátanos verdes rallados**
**6-7 tazas agua**
**3 cubitos de pollo KNORR®**
**1 cubito de ajo KNORR®**
**1 sobre sazón KNORR® culantro y achiote**

1 En una cacerola mediana echa todos los ingredientes, mezcla y cocina a temperatura mediana, moviendo ocasionalmente, por 20 a 25 minutos.

**OREJITA**

Para hacer esta receta rapidita puedes utilizar cubitos de pollo y sustituir los plátanos por platanutres triturados (5 oz.).

día de las madres 2002

# CREMA DE TOMATES

***El tomate posee virtudes contra las infecciones ya que aumenta las defensas del organismo.***

**PREPARACION Y COCCION**

 **20 MIN**  **25 MIN**

**6 PORCIONES**

## INGREDIENTES

**¼ taza aceite de oliva**
**1 taza cebolla picadita**
**2 cdas. harina de trigo**
**2 lbs. tomates plum, troceaditos**
**2 cdtas. ajo triturado**
**2 tazas caldo de pollo**
**¼ taza vino blanco**
**2 cdas. albahaca fresca picadita**
**½ taza crema espesa**
**sal a gusto**

1. Calienta el aceite de oliva en una cacerola mediana, echa la cebolla y saltea a temperatura mediana por 2 a 3 minutos. Añade la harina de trigo, los tomates, ajo, caldo, vino, albahaca y cocina a temperatura mediana por 20 a 25 minutos.

2. Deja refrescar y pasa por el procesador de alimentos. Echa nuevamente en la cacerola, añade la crema espesa y cocina por varios minutos.

3. Sirve con queso parmesano rallado.

**OREJITA**

Acompaña con pan con ajo o con hierbas frescas.

# CREMA DE YUCA

***En los países tropicales, la yuca ocupa el cuarto lugar después del arroz, el maíz y la caña de azúcar.***

**PREPARACION Y COCCION**

**15 MIN**

**35 MIN**

**6 PORCIONES**

## INGREDIENTES

- ¼ taza aceite de oliva
- 1 ½ taza cebolla picadita
- 2 cdtas. ajo triturado
- 2 lbs. yuca troceada
- 6 tazas caldo de pollo
- ½ taza crema ligera
- sal al gusto
- queso parmesano rallado

1. En una cacerola echa el aceite de oliva, calienta a temperatura mediana, echa la cebolla, ajo y cocina por 2 a 3 minutos. Echa el resto de los ingredientes, tapa y cocina por 30 minutos.
2. Deja enfriar y pasa por el procesador de alimentos hasta que quede cremoso.

## OREJITA

Sirve caliente y decora con queso parmesano rallado.

# CREMA DE ZANAHORIAS

***La zanahoria es buena para estimular el apetito y muy usada por la gente que padece de anemia y depresión.***

**PREPARACION Y COCCION**

 **15 MIN**  **25 MIN**

**6 PORCIONES**

## INGREDIENTES

**2 cdas. aceite de oliva o mantequilla**
**½ taza cebolla picadita**
**1 cdita. ajo triturado**
**2 tazas zanahoria picadita**
**1 taza celery picadito**
**1 taza papa troceadita**
**3 ½ a 4 tazas caldo de pollo**
**½ taza crema espesa (heavy cream)**
**pizca nuez moscada**
**sal y pimienta al gusto**

1 En una cacerola mediana echa el aceite o mantequilla, calienta a temperatura mediana, echa la cebolla, ajo y cocina por 2 a 3 minutos. Añade las zanahorias, celery, caldo y cocina a temperatura mediana por 20 minutos. Deja enfriar.

2 Pasa por el procesador de alimentos y mezcla hasta que las papas y la zanahorias queden trituradas. Sazona con una pizca de nuez moscada, sal y pimienta al gusto.

**OREJITA**

Sirve con queso parmesano rallado.

# SANCOCHO SABROSON

*Originario del Caribe y Latinoamérica, el sancocho ha pasado a ser un plato universal.*

## PREPARACION Y COCCION

## INGREDIENTES

¼ taza aceite de oliva
¼ taza sofrito
½ taza jamón de cocinar picadito
2 chorizos troceaditos
2 kielbasa troceaditas
2 pechugas de pollo troceaditas
2 cdas. pasta de tomate
1 taza c/u plátano verde, calabaza, papas, zanahorias, yautía troceada
2 tazas garbanzos
1 taza maíz tierno
1 taza guisantes
6 tazas caldo de pollo

1 En una cacerola mediana echa el aceite de oliva, calienta, echa el jamón, chorizos, kielbasa, pollo y cocina por 3 a 5 minutos.

2 Añade el sofrito, pasta de tomate y cocina por 2 a 3 minutos. Añade el resto de los ingredientes, sazona al gusto, tapa y cocina por 30 a 40 minutos.

## OREJITA

Puedes utilizar la combinación de tus viandas preferidas.

# SOPA DE HABICHUELAS NEGRAS

*La papa es el cuarto alimento más importante del mundo.*

**PREPARACION Y COCCION**

 **15 MIN**  **45 MIN**

**6 • 8 PORCIONES**

## INGREDIENTES

¼ taza aceite de oliva extra virgen
1 taza jamón ahumado picadito
1 taza cebolla blanca picadita
1 cdita. ajo triturado
1 taza tomates maduros picaditos
1 cda. pasta de tomate
3 latas 15.5 oz. habichuelas negras
1 taza papas troceaditas
1 taza calabaza troceadita
2 tazas caldo de pollo
½ cdita. comino
sal y pimienta al gusto

1 En una cacerola echa el aceite de oliva, calienta, echa el jamón y cocina hasta que quede doradito. Añade la cebolla, ajo, tomate y cocina por 3 a 5 minutos.

2 Añade el resto de los ingredientes, sazona al gusto, tapa y cocina por 30 a 40 minutos.

### OREJITA

Puedes servir con mucha cebolla picadita o crema agria.

# SOPA DE LENTEJAS

***Las lentejas poseen un alto contenido de almidón, proteínas, minerales, especialmente hierro.***

**PREPARACION Y COCCION**

**15 MIN**

**45 MIN**

**8 PORCIONES**

## INGREDIENTES

- ¼ taza aceite de oliva
- ½ taza jamón de cocinar picadito
- 1 taza cebolla picadita
- 1 cdita. ajo triturado
- 1 cda. pasta de tomate
- 1 taza calabaza picadita
- 1 taza papas troceaditas
- ½ taza cilantrillo
- 1 lb. lentejas crudas
- 8 tazas caldo de pollo
- sal al gusto

1 En una cacerola grande echa el aceite de oliva, calienta a temperatura mediana, echa el jamón y cocina hasta que quede doradito. Añade la cebolla, ajo, pasta de tomate y cocina por 2 a 3 minutos.

2 Añade el resto de los ingredientes, sazona al gusto, tapa y cocina por 35 a 40 minutos.

**OREJITA**

Puedes sustituir el jamón de cocinar por jamón de pavo.

# SOPA DE MAIZ

***Lo bueno del maíz es que, congelado o enlatado, tiene el mismo valor nutritivo que el maíz fresco.***

**PREPARACION Y COCCION**

 **15 MIN** 

**8 PORCIONES**

## INGREDIENTES

- ¼ taza aceite de oliva
- ½ taza cebolla picadita
- 4 cebollines picaditos
- ½ taza pimiento verde picadito
- ½ taza pimiento rojo picadito
- 4 tazas papas picaditas
- ¼ taza harina de maíz
- 2 tazas maíz tierno
- 2 tazas caldo de pollo
- 2 tazas crema ligera
- ½ taza cilantrillo fresco
- sal al gusto
- queso parmesano rallado

1 En una cacerola mediana echa el aceite de oliva, calienta, echa la cebolla, cebollines, pimientos y cocina a temperatura mediana por 2 a 3 minutos.

2 Añade la harina de maíz, el caldo y luego añade el resto de los ingredientes. Sazona al gusto, tapa y cocina a temperatura mediana por 30 a 40 minutos.

**OREJITA**

Sirve con queso parmesano rallado.

# SOPA DE PASTELES

***Los pasteles son platos de tradición navideña preparados a base de plátano y yautía.***

**PREPARACION Y COCCION**

 **15 MIN**  **45 MIN**

**6 PORCIONES**

## INGREDIENTES

**¼ taza aceite de oliva**
**¼ taza sofrito**
**½ taza jamón de cocinar**
**4 pasteles de masa crudos**
**4 a 6 tazas caldo de pollo**

1. En una cacerola echa el aceite, sofrito, jamón y cocina por 2 a 3 minutos.
2. Mezcla el caldo con la masa de pastel, echa en la cacerola, mezcla y cocina a temperatura mediana por 45 minutos.

### OREJITA

Puedes utilizar pasteles de yuca.

# SOPON DE 7 POTENCIAS

***El bajo contenido de grasa en la langosta se debe a que habita en corrientes marinas frías.***

**PREPARACION Y COCCION**

 **20 MIN**  **45 MIN**

**10 PORCIONES**

## INGREDIENTES

**2 cdas. aceite de oliva**
**¼ taza sofrito**
**½ taza salsa de tomate**
**¾ taza arroz grano largo**
**4 a 6 tazas caldo de pescado**
**½ taza pimiento morrón picadito**
**¼ taza cilantrillo fresco**
**1 lb. camarones limpios y adobados**
**½ lb. masitas de langosta**
**1 lb. filete de pescado (salmón, rodaballo....) troceadito**
**½ lb. pulpo cocido**
**½ lb. mejillones limpios**
**½ lb. vieiras (scallops)**
**½ lb. carrucho cocido y troceadito**

1 Prepara todos los mariscos. En una cacerola mediana echa el aceite de oliva, calienta a temperatura mediana, echa el sofrito, salsa de tomate y cocina por 2 a 3 minutos.

2 Añade el caldo, los mariscos y cocina por 20 minutos.

3 Añade el arroz, el pimiento morrón, cilantrillo y cocina de 15 a 20 minutos.

## OREJITA

Puedes utilizar 2 libras de mariscos mixtos congelados para sustituir los mariscos frescos.

# Tartas

# PASTEL DE BACALAO

*El bacalao es apreciado por su carne y por el aceite de su hígado.*

## PREPARACION Y COCCION

 15 MIN  35 MIN

8 PORCIONES

## INGREDIENTES

- 1 masa de pastel "pie"
- ¼ taza aceite de oliva
- 1 taza cebolla picadita
- 1 taza perejil fresco picadito
- 1 cdita. ajo triturado
- ½ taza pimiento morrón picadito
- 1 taza bacalao desalado, cocido y desmenuzado
- ¼ taza queso parmesano rallado
- 3 huevos
- ½ taza mayonesa
- 1 taza crema ligera
- ½ cdita. sal
- pizca nuez moscada y pimienta

1. En un sartén echa el aceite de oliva, calienta, echa la cebolla, perejil, ajo, pimiento morrón y cocina por 2 a 3 minutos. Luego añade el bacalao y cocina por 3 a 5 minutos.
2. Calienta el horno a 375°F. Coloca la masa en un molde de 9" para tartas. Echa el bacalao, luego echa el queso parmesano rallado.
3. Mezcla los huevos con el resto de los ingredientes y echa sobre el bacalao.
4. Hornea por 30 minutos.

## OREJITA

Sirve caliente o tibio. Puedes sustituir el bacalao por pechuga de pollo o atún enlatado.

# PASTELÓN DE PANA Y PESCADO

***El fruto del árbol de pana fue traído al Caribe en el siglo XVIII como una parte básica de la dieta de esclavos.***

**PREPARACION Y COCCION**

 **20 MIN**  **40 MIN**

**8 PORCIONES**

## INGREDIENTES

MEZCLA DE PANA:
**2 lbs. pana hervida y majada**
**4 huevos**
**6 cdas. harina de trigo**
**1 ½ cdita. sal**
RELLENO DE PESCADO:
**2 lbs. filete de pescado troceadito y adobado**
**¼ taza aceite de oliva**
**1 taza cebolla picadita**
**½ taza pimiento verde**
**½ taza pimiento rojo**
**2 cdita. ajo triturado**
**1 sobre azafrán**
**½ taza crema espesa**
**sal al gusto**

1 Mezcla todos los ingredientes de la masa de pana y deja aparte.

2 En una sartén echa el aceite de oliva, calienta, echa el pescado y saltea por varios minutos. Añade la cebolla, pimientos, ajo y cocina a temperatura mediana por 3 a 5 minutos. Añade el resto de los ingredientes, sazona al gusto y cocina a temperatura mediana por 5 a 8 minutos hasta que se reduzcan los líquidos.

3 Calienta el horno a 350°F. Engrasa un molde de horneo 7 x 13 x 2. Echa la mitad de la mezcla de pana, luego echa el relleno y acomoda. Luego cubre con el resto de la mezcla de pana.

4 Hornea destapado por 30 a 40 minutos. Deja enfriar un poco para que corte bien.

**OREJITA**

Puedes sustituir la pana por papas hervidas.

# PASTELON DE PAPAS

***La papa es una de las contribuciones más importantes de los Andes al mundo entero.***

**PREPARACION Y COCCION**

 **20 MIN**  **35 MIN**

**8 PORCIONES**

## INGREDIENTES

**1 sobre grande de papas instantáneas**
**2 tazas de leche**
**2 huevos crudos**
**2 cdas. mantequilla derretida**
**½ cdita. sal**
**RELLENO DE CARNE:**
**2 cdas. aceite de oliva**
**½ taza sofrito**
**1 taza salsa de tomate**
**¼ taza aceitunas rellenas picaditas**
**¼ taza pimiento morrón picadito**
**1 lb. carne de res molida**
**sal al gusto**

1 Prepara la mezcla de papas. En una cacerola echa la leche, sal, mantequilla y calienta hasta hervir. Retira de la hornilla, echa las papas instantáneas y mezcla hasta que quede pastosa. Deja refrescar y añade los huevos crudos. Deja aparte. Calienta el horno a 350°F.

2 En una cacerola mediana echa el aceite de oliva, calienta, echa el sofrito, salsa, aceitunas, pimiento morrón y cocina a temperatura mediana por 2 a 3 minutos. Añade la carne molida, sazona al gusto y cocina a temperatura mediana por 5 a 8 minutos.

3 En un molde de 9" de tarta echa la mitad de la mezcla de las papas, echa la carne guisada y luego cubre con el resto de la mezcla de las papas.

4 Hornea por 35 minutos.

# QUICHE DE BRECOL Y SALMON

***El brécol se califica como la hortaliza más nutritiva por unidad de peso de producto comestible.***

**PREPARACION Y COCCION**

 **10 MIN**  **30 MIN**

**8 PORCIONES**

## INGREDIENTES

**1 masa de pastel "pie"**

RELLENO:

**2 cdas. mantequilla**
**½ taza cebolla picadita**
**¼ taza cebollines**
**1 taza queso suizo**
**1 taza filete de salmón fresco troceado y cocido**
**1 taza brécol troceado y cocido**
**3 huevos**
**1 ½ taza crema ligera**
**½ cdita. sal**
**pizca nuez moscada y pimienta**
**¼ taza queso parmesano rallado**

1 Calienta el horno a 375°F. Coloca la masa en un molde de tarta de 9".

2 En una sartén echa la mantequilla, calienta, echa la cebolla, cebollines y saltea por 2 a 3 minutos. Echa sobre la masa. Luego coloca el queso, salmón y brécol.

3 En un envase mediano mezcla los huevos y añade el resto de los ingredientes. Echa en el molde y hornea por 30 minutos. Sirve tibio o frío.

**OREJITA**

Puedes sustituir el salmón por filete de pechuga asada.

# QUICHE DE ZUCCHINI

***La nuez moscada, originaria de la India, tiene propiedades digestivas, especialmente para los alimentos con mucha grasa.***

**PREPARACION Y COCCION**

 **20 MIN**  **30 MIN**

**8 PORCIONES**

## INGREDIENTES

**1 masa de pastel "pie"**
**1 taza queso suizo rallado**
**4 lascas tocineta frita y troceadita**
**2 cdas. harina de trigo**
**2 taza zucchini**
**4 huevos**
**½ taza crema ligera**
**½ cdita. sal**
**pizca nuez moscada**
**¼ taza queso parmesano rallado**

1 Calienta el horno a 375°F. Coloca la masa en un molde de tarta de 9".

2 Echa el queso suizo sobre la masa y luego coloca la tocineta.

3 Mezcla la harina de trigo con los zucchini y luego coloca sobre el queso.

4 Mezcla el resto de los ingredientes y echa sobre los zucchini. Luego rocía con el queso parmesano.

5 Hornea por 30 minutos. Sirve tibio.

# QUICHE MEDITERRANEO

*Las alcachofas contienen propiedades para restaurar las funciones de hígado y vesícula.*

**PREPARACION Y COCCION**

 **15 MIN**  **30 MIN**

**8 PORCIONES**

## INGREDIENTES

**1 masa de pastel "pie"**
**½ taza queso suizo rallado**
**¼ taza aceite de oliva**
**1 taza cebolla picadita**
**½ taza pimiento rojo picadito**
**1 cdita. ajo triturado**
**¼ taza tocineta frita y troceadita**
**½ taza tomate troceado**
**1 taza berenjenas troceadas**
**1 taza alcachofas frescas troceadas (cocidas)**
**4 aceitunas negras rebanadas**
**2 cdas. albahaca fresca**
**3 huevos**
**8 oz. queso crema**
**½ taza crema ligera**
**½ cdita. sal**
**pizca nuez moscada**

1 Calienta el horno a 375°F. Coloca la masa en un molde de tarta de 9".

2 En una sartén echa el aceite de oliva, calienta, echa la cebolla, pimiento, ajo y saltea por 2 minutos. Añade las alcachofas, berenjenas y cocina a temperatura mediana por 5 a 8 minutos.

3 Echa el queso suizo sobre la masa. Luego echa los vegetales salteados, aceitunas, tocineta, tomates y albahaca fresca.

4 En el procesador de alimentos mezcla los huevos con el queso crema hasta que quede cremoso. Luego añade la crema ligera, sal y nuez moscada. Echa la mezcla sobre los vegetales y hornea por 30 minutos.

## OREJITA

Sirve tibio o frío. Puedes sustituir la tocineta por bacon bits. También puedes añadir filetitos de anchoas.

# TARTA DE CEBOLLAS

***La cebolla actúa, inhibiendo la putrefacción intestinal y los fermentos e impurezas del sistema.***

**PREPARACION Y COCCION**

 **15 MIN**  **35 MIN**

**8 PORCIONES**

## INGREDIENTES

**1 masa de pastel "pie"**
**½ taza queso suizo rallado**
**¼ taza queso parmesano rallado**
**¼ taza aceite de oliva**
**2 tazas cebolla picadita**
**½ taza cebollines picaditos**
**4 lascas tocineta frita y picadita**
**3 huevos**
**1 taza crema ligera**
**½ taza mayonesa**
**sal y pimienta al gusto**

1 Calienta el horno a 375°F. Coloca la masa en un molde tarta de 9".

2 En una sartén echa el aceite de oliva, calienta, echa las cebollas y cocina hasta que queden tiernecitas.

3 Coloca los quesos sobre la masa y luego coloca las cebollas salteadas.

4 Mezcla los huevos con la crema ligera, mayonesa, sal, pimienta al gusto y echa sobre la cebolla.

5 Hornea a 375°F por 30 minutos.

**OREJITA**

Sirve caliente o tibio. Puedes sustituir la tocineta por bacon bits.

# TARTA DE ESPINACAS

***La espinaca es una de las hortalizas de mayor aporte de vitamina A.***

**PREPARACION Y COCCION**

 **15 MIN**  **30 MIN**

**8 PORCIONES**

## INGREDIENTES

**1 masa de pastel "pie"**

RELLENO:

**16 oz. espinacas frescas cocidas, troceaditas**
**½ taza cebolla picadita**
**¼ taza cilantrillo fresco picadito**
**1 cdita. ajo triturado**
**2 tazas requesón**
**¼ taza tocineta frita picadita**
**¼ taza queso parmesano rallado**
**½ taza queso mozarella o suizo rallado**
**3 huevos**
**1 taza crema ligera**
**½ cdita. sal y pimienta la gusto**

1 Calienta el horno a 375°F. Coloca la masa en un molde de tarta de 9".

2 En una sartén echa un chorrito de aceite de oliva, echa la cebolla, ajo, cilantrillo y saltea a temperatura mediana por 2 a 3 minutos. Luego añade las espinacas, cocina hasta que queden tiernecitas y añade la tocineta.

3 Mezcla los quesos y echa sobre la masa. Luego las espinacas salteadas. Mezcla los huevos con la crema ligera, sal, pimienta al gusto y echa sobre las espinacas.

4 Hornea por 30 minutos.

**OREJITA**

Sirve tibio o caliente. Puedes utilizar quesos bajos en grasas y sustituir la tocineta por bacon bits.

# TARTA DE ESPINACAS Y FILLO

***Las hojas del pastel de Fillo no tienen ninguna grasa saturada y ningún colesterol.***

**PREPARACION Y COCCION**

 **15 MIN**  **30 MIN**

**8 PORCIONES**

## INGREDIENTES

**7 hojas de fillo**
**4 oz. (1 barra) mantequilla derretida**
**RELLENO:**
**5 huevos duros enteros**
**¼ taza aceite de oliva**
**1 taza cebolla picadita**
**1 cdita. c/u tomillo y orégano fresco picadito**
**¼ cdita. nuez moscada**
**10 oz. espinacas frescas cocidas, escurridas y picaditas**
**1 taza requesón**
**1 taza queso del país rallado**
**2 huevos crudos**
**½ cdita. sal**

1 Calienta el horno a 375°F. Con la ayuda de una brochita, engrasa un molde de tarta de 9". Coloca una hoja de fillo dejando los sobrantes hacia fuera. Unta mantequilla derretida y coloca otra hoja de fillo sobre la que está en el molde de manera cruzada. Repite el procedimiento con cada hoja hasta colocar la última hoja.

2 En una sartén echa el aceite de oliva, calienta a temperatura mediana, echa la cebolla, ajo, nuez moscada y saltea por 2 a 3 minutos. En envase mezcla los dos huevos con el requesón, queso del país, espinacas, cebolla y sal.

3 Coloca los huevos duros sobre la masa y echa la mezcla de espinacas sobre los huevos duros. Cubre las espinacas con las hojas de fillo y alterna untando mantequilla sobre las hojas de fillo.

4 Hornea por 40 a 45 minutos.

# TARTA DE ESPINACAS Y HUEVOS

***El color del huevo depende de la raza de la gallina (blanco o marrón) y no influye en el valor nutritivo del alimento.***

**PREPARACION Y COCCION**

 **15 MIN**  **30 MIN**

**8 PORCIONES**

## INGREDIENTES

**1 masa de pastel "pie"**

**RELLENO:**

**16 oz. espinacas frescas cocidas y troceaditas**
**½ taza cebolla picadita**
**1 cdita. ajo triturado**
**¼ taza tocineta frita picadita**
**¼ taza queso parmesano rallado**
**½ taza queso mozarella o suizo rallado**
**¼ taza cilantrillo fresco picadito**
**6 huevos duros, sin cascarón y enteros**
**6 huevos crudos**
**2 tazas mayonesa**
**½ cdita. sal y pimienta al gusto**

1 Calienta el horno a 375°F. Coloca la masa en un molde tarta de 9".

2 En una sartén echa un chorrito de aceite de oliva, calienta, echa la cebolla, ajo y cocina a temperatura mediana por 2 a 3 minutos. Añade las espinacas, cilantrillo, cocina hasta que queden tiernecitas y añade la tocineta.

3 Echa los quesos sobre la masa y luego echa la mezcla de espinacas. Acomoda los huevos duros sobre las espinacas. Mezcla los huevos con la mayonesa , sal, pimienta al gusto. Echa en el molde.

4 Hornea por 30 a 35 minutos.

**OREJITA**

Sirve tibio o caliente. Puedes sustituir la mayonesa por crema ligera.

# TARTA DE POLLO Y ESPINACAS

***La carne de pollo es una de las más bajas en purinas, bueno para personas con ácido úrico elevado.***

**PREPARACION Y COCCION**

 **15 MIN**  **30 MIN**

**8 PORCIONES**

## INGREDIENTES

**1 masa de pastel "pie"**
**2 tazas filetitos de pechuga adobadas, cocidas y troceadas**
**8 oz. espinacas salteadas y escurridas**
**¼ taza aceite de oliva**
**1 taza cebolla picadita**
**1 cdita. ajo**
**¼ taza cilantrillo fresco picadito**
**3 huevos**
**1 ½ taza crema ligera**
**½ cdita. sal**

1 Calienta el horno a 375°F. Coloca la masa en un molde para tarta de 9".

2 En una sartén echa el aceite de oliva, calienta, echa la cebolla, ajo, cilantrillo y cocina de 2 a 3 minutos. Añade las espinacas, pollo, sazona y cocina por 5 minutos.

3 Echa la mezcla de pollo y espinacas sobre la masa. Mezcla los huevos, crema ligera, sal y una pizca de nuez moscada. Echa la mezcla sobre el pollo y espinacas.

4 Hornea por 30 a 35 minutos. Sirve caliente o tibio.

# TARTA DE SALMON AHUMADO

*El ahumado como método de conservación ha dejado constancia histórica escrita desde la época del Imperio Romano.*

**PREPARACION Y COCCION**

 15 MIN  30 MIN

8 PORCIONES

## INGREDIENTES

**1 masa de "pie"**
**½ taza queso suizo rallado**
**¼ taza queso parmesano rallado**
**¼ taza aceite de oliva**
**1 taza cebolla picadita**
**½ lb. filete de salmón ahumado**
**1 cda. alcaparritas (opcional)**
**3 huevos**
**1 taza crema ligera**
**½ taza mayonesa**
**½ cdita. sal y pimienta al gusto**

1 Calienta el horno a 375°F. Coloca la masa en un molde de tarta de 9".

2 En una sartén echa el aceite de oliva, calienta, echa las cebollas y cocina por 2 a 3 minutos hasta que queden tiernecitas.

3 Coloca los quesos sobre la masa y luego coloca las cebollas salteadas, salmón ahumado y alcaparritas.

4 Mezcla los huevos con la crema ligera, mayonesa, sal, pimienta al gusto y echa en el molde.

5 Hornea a 375°F por 30 a 35 minutos.

**OREJITA**

Sirve caliente o tibio.

# TARTA DE TOMATE Y QUESO

*El tomate es muy rico en potasio, un mineral que interviene en la regulación de los líquidos corporales.*

**PREPARACION Y COCCION**

 **15 MIN**  **30 MIN**

**8 PORCIONES**

## INGREDIENTES

1 masa "pie"
1 cda. aceite de oliva
1 taza cebolla picadita
1 cdita. ajo triturado
½ cdita. orégano fresco
1 taza queso mozzarella rallado
2 cdas. queso parmesano rallado
4 tomates grandes rebanados
½ taza harina de trigo
½ cdita. sal
3 huevos
1 taza crema ligera
½ cdita. sal
pizca nuez moscada
pimienta blanca (opcional)

1 Calienta el horno a 375°F. Coloca la masa de "pie" en un molde para tarta de 9".

2 En un sartén echa el aceite de oliva, calienta, echa la cebolla, ajo, orégano y cocina a temperatura mediana por 2 a 3 minutos. Echa sobre la masa y luego coloca los quesos.

3 Mezcla la harina con la sal. Rebana los tomates y pasa por la harina. Coloca los tomates sobre los quesos.

4 Mezcla los huevos con la crema ligera y el resto de los ingredientes. Echa sobre los tomates y hornea por 30 a 35 minutos.

### OREJITA

Sirve caliente o tibio. Puedes añadir albahaca fresca picadita para un sabor aromático.

# Tartas Dulces

# PANETELA DE GUAYABA RAPIDA

***La guayaba es recomendable consumirla en situaciones o períodos de crecimiento y de actividad física intensa.***

## PREPARACION Y COCCION

 **15 MIN**  **30 MIN**

**8 • 10 PORCIONES**

## INGREDIENTES

**1 cj. de mezcla de bizcocho amarillo**
**½ taza aceite de maíz**
**½ taza leche**
**1 huevo**
**1 cdita. ron blanco**
**½ cdita. ralladura de limón**
**8 lascas de pasta de guayaba**

1 Calienta el horno a 350°F. Engrasa un molde de tarta de 9".

2 En la batidora eléctrica mezcla todos los ingredientes, excepto la pasta de guayaba, hasta formar una mezcla pastosa.

3 Unta la mitad de la mezcla en el fondo del molde y luego cubre con la pasta de guayaba. Luego coloca el resto de la mezcla y acomoda hasta cubrir toda la pasta de guayaba.

4 Hornea por 30 a 35 minutos.

## OREJITA

Deja enfriar y decora con azúcar de confección. Puedes hornear en un molde 9x9x2 y cortar en cuadritos para un bocadito dulce.

# PASTEL DE CALABAZA SABROSO

*La calabaza es baja en calorías, grasas, ayuda a eliminar líquido y a regular el azúcar en sangre.*

**PREPARACION Y COCCION**

 **20 MIN**  **30 MIN**

**10 PORCIONES**

## INGREDIENTES

- 1 masa de "pie"
- 2 tazas de calabaza hervida y majada
- 3 huevos
- ½ taza azúcar
- ¼ taza harina de trigo
- ½ cda. jengibre rallado
- ¼ cdita. clavo de especias
- ½ cdita. canela en polvo
- 1 taza crema espesa
- 1 taza coco rallado
- ½ taza nueces (walnuts o pecans) picaditas

**OREJITA**

Puedes utilizar calabaza enlatada.

1 Calienta el horno a 375°F. Coloca la masa de "pie" en un molde de pastel de 10".

2 En el procesador de alimentos mezcla todos los ingredientes (excepto las nueces) hasta que quede cremoso. Echa la mezcla sobre la masa y luego echa las nueces.

3 Hornea por 30 a 35 minutos.

# PECAN PIE

***La pacana (pecan) tiene alto contenido en fibra, proteínas, calcio, hierro, niacina, vitamina B y E.***

**PREPARACION Y COCCION**

 **15 MIN**  **30 MIN**

**8 PORCIONES**

## INGREDIENTES

**1 masa de pastel "pie"**
**2 tazas pecans**
**4 huevos**
**½ taza azúcar**
**½ taza sirope de maíz**
**¼ taza crema espesa**
**1 cdita. extracto de vainilla**

1 Calienta el horno a 375°F. Coloca la masa en un molde de tarta, acomoda y elimina los sobrantes.

2 En un envase mediano mezcla las pecanas con el resto de los ingredientes, echa sobre la masa y hornea por 30 minutos.

**OREJITA**

Puedes utilizar sustituto de azúcar.

# TARTA DE CAPPUCCINO

***El café evita la acción de los ácidos biliares protegiendo al ser humano del cáncer de colon.***

**PREPARACION Y COCCION**

 **15 MIN**

 **30 MIN**

**8 PORCIONES**

## INGREDIENTES

**1 masa de pastel (pie)**
**1 lb. queso crema**
**4 huevos**
**¼ taza café colado (fuerte)**
**2 cdas. licor de café**
**½ taza azúcar**
**½ taza crema espesa**
**1 taza walnuts o pecans**

1 Calienta el horno a 375°F. Coloca la masa en un molde de tarta de 9".

2 En el procesador de alimentos mezcla el queso crema con los huevos hasta que quede cremoso. Añade el café colado, licor de café, azúcar y crema espesa.

3 Echa la mezcla sobre la masa y luego decora con las nueces. Hornea por 30 a 35 minutos.

### OREJITA

Puedes utilizar queso crema libre de grasa y sustituto de azúcar.

# TARTA DE GUINEO

***El guineo es la fruta ideal para dar vigor, contiene tres azúcares naturales y, por consiguiente, eleva los niveles de energía de manera inmediata.***

**PREPARACION Y COCCION**

 **15 MIN** 

**10 PORCIONES**

## INGREDIENTES

- 1 masa de pastel "pie"
- 8 guineos maduros rebanados
- 1 cda. jugo de limón
- ¼ taza azúcar negra
- ¼ taza azúcar granulada
- ½ cdita. canela en polvo
- 2 cdas. mantequilla
- ½ taza harina de trigo
- ½ taza nueces troceadas
- ½ taza gotitas de chocolate semidulce

1. Calienta el horno a 375°F. Coloca la masa en el molde, acomoda y elimina los sobrantes.
2. En un envase mediano mezcla los guineos con el resto de los ingredientes y echa sobre la masa.
3. Hornea a 375°F por 40 a 45 minutos.

**OREJITA**

Sirve tibia, caliente o fría. Acompaña con mantecado de vainilla.

# TARTA DE LIMÓN

*El ácido cítrico en el limón, posee una acción desinfectante y potencia la acción de la vitamina C.*

**PREPARACION Y COCCION**

 15 MIN  35 MIN

**8 PORCIONES**

## INGREDIENTES

1 masa de pastel "pie"
8 oz. queso crema
4 huevos
1 taza azúcar
½ taza jugo de limón
1 taza crema espesa
1 cdita. ralladura de limón

1 Calienta el horno a 375°F. Coloca la masa en el molde, acomoda y elimina los sobrantes.

2 En un envase mediano mezcla el queso crema con los huevos y el azúcar hasta que quede cremoso. Añade el jugo de limón, crema espesa y ralladura. Echa la mezcla sobre la masa.

3 Hornea por 30 a 35 minutos.

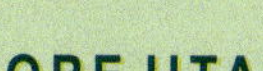

**OREJITA**

Deja enfriar y luego coloca en el refrigerador hasta el momento de servir. Decora con azúcar de confección.

# TARTA DE MANGO

*El mangó, fruto carnoso, sabroso y refrescante, es también conocido como el "melocotón de los trópicos".*

**PREPARACION Y COCCION**

 **20 MIN**  **30 MIN**

**10 PORCIONES**

## INGREDIENTES

- 1 masa de pastel "pie"
- 4 mangos maduros cortados en medias lunas
- 3 huevos
- ¼ taza azúcar
- ¼ taza harina de trigo
- 2 cdas. licor de mangó
- 1 taza crema espesa

1. Calienta el horno a 375°F. Coloca la masa en el molde, acomoda y elimina los sobrantes. Coloca los mangoes cortaditos sobre la masa en forma circular.

2. En un envase mediano mezcla los huevos, harina y el azúcar. Añade el licor de mangó y crema espesa. Echa la mezcla sobre los mangoes.

3. Hornea por 35 minutos.

**OREJITA**

Puedes sustituir los huevos por egg beater.

# TARTA DE PIÑA

*La piña aporta hidratos de carbono y de bromelina, una enzima que ayuda a la digestión de las proteínas.*

**PREPARACION Y COCCION**

 **10 MIN** 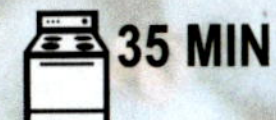 **35 MIN**

**8 PORCIONES**

## INGREDIENTES

**1 masa de "pie"**
RELLENO DE PIÑA:
**4 tazas piña triturada**
**½ taza azúcar**
**¼ taza harina de trigo**
**4 huevos**

1 Calienta el horno a 375°F. Coloca la masa en un molde de tarta de 8" y elimina el sobrante de la masa.

2 En un envase mediano mezcla la piña con la harina de trigo. Añade los huevos y el azúcar. Echa la mezcla sobre la masa.

3 Hornea por 30 a 35 minutos.

# TARTA DE PIÑA Y COCO

***El cocotero, del cual procede el coco, es la palmera más cultivada e importante a nivel mundial.***

**PREPARACION Y COCCION**

 **15 MIN**  **35 MIN**

**8 PORCIONES**

## INGREDIENTES

**1 masa de pastel (pie)**
**RELLENO DE PIÑA:**
**4 tazas piña triturada**
**2 tazas coco rallado**
**¼ taza harina de trigo**
**4 huevos**
**½ taza azúcar**

1 Calienta el horno a 375°F.

2 Coloca la masa en un molde de tarta de 9", acomoda y elimina el sobrante de los bordes.

3 En un envase mediano mezcla la piña, coco y la harina de trigo. Añade los huevos y el azúcar. Echa la mezcla sobre la masa y hornea por 30 a 35 minutos.

**OREJITA**

Puedes sustituir el azúcar por endulzador artificial y los huevos por egg beater.

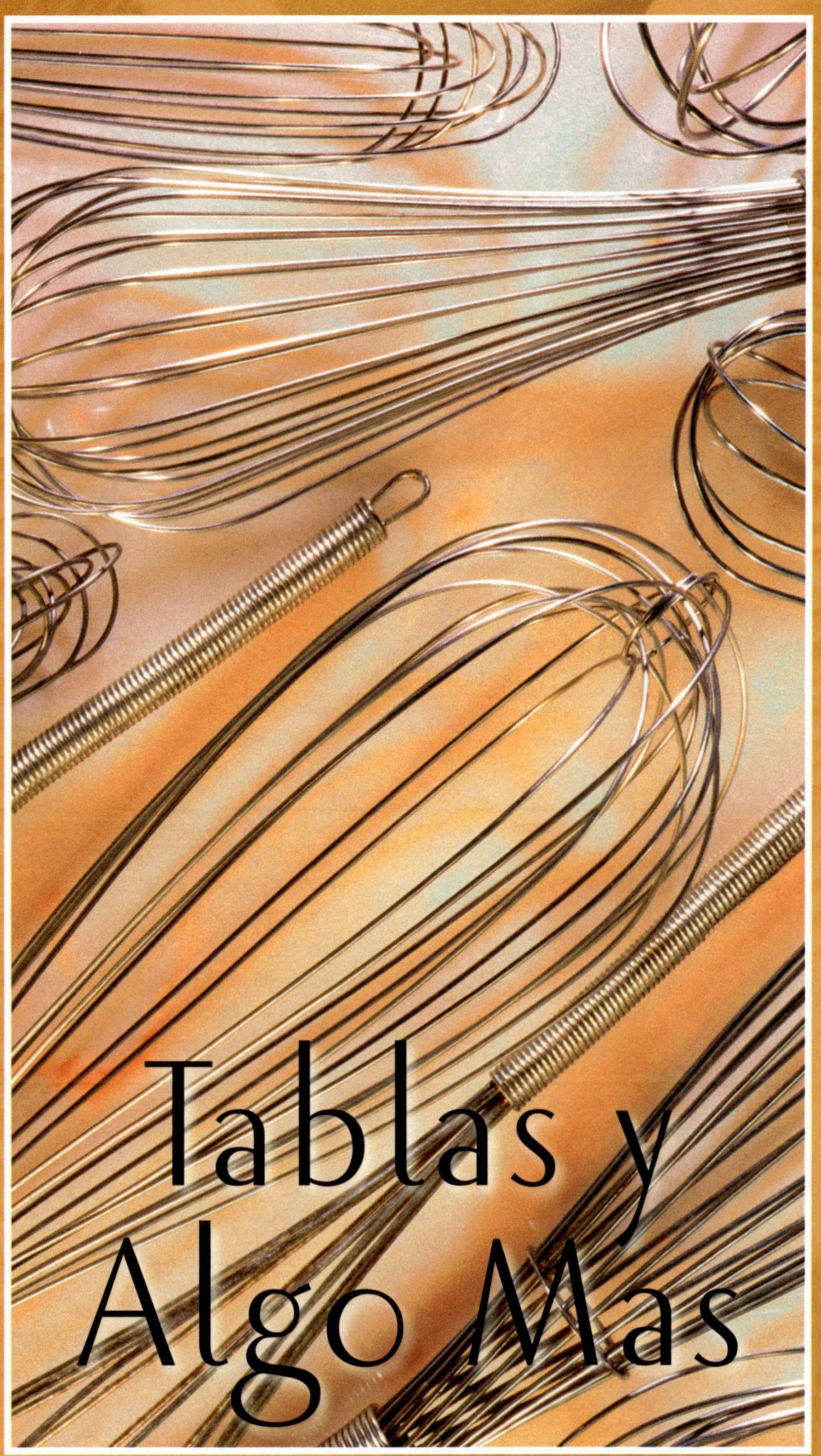

# Tablas y Algo Mas

# ESPECIAS

## Achiote (Annatto)

Semilla con colorante que en la industria se utiliza para añadir color a los productos lácteos, margarinas, aceites y panes.

- Aroma y sabor: suave y perfumado
- Usos: En el Caribe se utiliza mucho en los guisos, sopas, arroces, carnes y aves.

## Anís Estrellado (Star Anise)

Generalmente se usa entero y se retira al final de la cocción. Su verdadero triunfo universal está en la fabricación de licores.

- Aroma y sabor: tiene un olor fuerte y aromático.
- Usos: preparar té o añadir sabor a las salsas, postres o bebidas.

## Azafrán (Saffron)

Es la especia más costosa del mundo.

- Aroma y sabor: tiene un sabor muy característico y aromático y se utiliza en pocas cantidades.
- Usos: paella, arroces, sopas, guisos con mariscos.

## Canela (Cinnamon)

Es muy popular y se obtiene de la corteza seca del árbol de canelo.

- Aroma y sabor: su aroma es fuerte. tiene un sabor agradable, dulce, intenso y algo picante.
- Usos: galletas, bizcochos, panes, dulces, bombones, bebidas, carne de res, cerdo, aves, cordero y pescado.

## Cilantrillo-semillas (Coriander Seed)

Planta de la que se utiliza tanto las hojas como las semillas.

- Aroma y sabor: suave y aromático.
- Usos: embutidos, encurtidos, caramelos, galletitas y guisos.

## Cinco Especias (Five Spices)

Es una composición de pimienta negra, pimienta szechuan, anís estrellado, canela, clavos de olor y semillas de hinojo.

- Aroma y sabor: sabor fuerte y aromático.
- Usos: comida china e indonesa.

# ESPECIAS

## Clavo de olor (Cloves)

El clavo, que es a la vez condimento y aromatizador es fundamental en las cocinas de la China, India, Medio Oriente, Grecia, Rusia, Escandinavia y en muchas de América.

- Aroma y sabor: agudo y algo picante.
- Usos: postres, panes, pasteles, conservas de frutas. Lo utilizan enterrándolos en una cebolla para añadir aroma a caldos, sopas o salsas.

## Curry (Curry)

Es la mezcla de diferentes hierbas y especias que pueden comprender desde 5 hasta más de 30.

- Aroma y sabor: fuerte y aromático.
- Usos: salsas, arroces, carnes, cordero, pescado, mariscos, aves, vegetales y cereales.

## Eneldo (Dill seed)

Esta planta se utiliza tanto la hierba con la semilla y es usada en la cocina escandinava, rusa, polaca y húngara.

- Aroma y sabor: ligeramente dulce, amargo y anisado.
- Usos: estofados, cordero, pollo, cerdo, pescado. Para perfumar pasteles, tortas y arroces.

## Jengibre (Ginger)

Es una raíz que se utiliza mucho en la comida china, india, japonesa e indonesa.

- Aroma y sabor: muy fuerte, picante pero agradable.
- Usos: pollo, mariscos, pescado, salsas, galletas, bizcochos, helado, mermeladas y conservas de frutas.

## Nuez Moscada (Nutmeg)

Es una semilla con superficie arrugada utilizada en Italia y Francia para dar un sabor delicado a las salsas, guisados y purés.

- Aroma y sabor: dulce, picante y fuerte.
- Usos: dulces, budines, tartas, pasteles, helados, pescado, pollo o mariscos.

# ESPECIAS

## Pimienta (Pepper)

Hay variedades.

• Aroma y Sabor: tiene un sabor fuerte y picante. Su olor es aromático y penetrante.
• Usos: La Verde: es mejor usarla entera para añadir sabor a las aves, carnes, pates y terrines.
• La Blanca: tiene un sabor más suave y es perfecta para las carnes blancas, tortas saladas.
• La Negra: Tiene un sabor muy fuerte. Perfecta para aves o cerdo.
• La Rosada: Se usa entera y es perfecta para ensaladas.
• La Roja: es muy picante.

## Pimienta dulce (Allspices)

Es una combinación de canela, nuez moscada, clavos de olor y pimienta.

• Aroma y Sabor: bien aromático.
• Usos: salsa preparadas con tomate, encurtidos, embutidos, postres y helados.

## Vainilla (Vanilla)

Es la reina de la repostería.

• Aroma y Sabor: dulce y aromática.
• Usos: postres, galletas, bizcochos, helados, budines, bebidas.

# HIERBAS

## Albahaca (Basil)

Los griegos le llaman la reina de la cocina. Hay muchas variedades.

• Aroma y Sabor: muy aromático.
• Usos: tomates, salsa de espaguetis, pesto, pescado, sopas, guisos, pollo, ensaladas, huevos y arroz.

## Cebolletas (Chives)

Es de la familia de las cebollas.

• Aroma y Sabor: a cebolla pero delicado.
• Usos: para añadir al final de la preparación de huevos, ensaladas, sopas o salsas.

## Cilantrillo o Cilantro (Cilantro Leaves)

Aunque original del Oriente, en el Caribe es una de las hierbas más utilizadas y la encuentras hasta en las sopas.

• Aroma y Sabor: aromático, fuerte y muy agradable.
• Usos: guisos, sopas, vegetales, ensalada, pollo, granos, dips.

## Eneldo (Dill)

Se dice que proviene de la región mediterránea y es familia del perejil.

• Aroma y Sabor: suave y aromático.
• Usos: salsas, mariscos, salsas a base de tomate, mostaza, salmón, pepinillos y ternera.

## Estragón (Tarragon)

• Aroma y Sabor: es una hierba aromática anisada.
• Usos: tortillas, pescado, pollo, salsas de mostaza, aderezo de ensaladas.

## Perejil (Parsley)

Aroma y Sabor: olor perfumado y aromático.
Usos: sopas, carnes, pollo, pescado y arroces.

# HIERBAS

## Recao (Culantro)

Original de América y las Islas del Caribe.

- Aroma y Sabor: muy fuerte y perfumado. Por su sabor tan fuerte hay un refrán que dice: ¡Es bueno el culantro pero no tanto!
- Usos: uno de los ingredientes más importantes en el sofrito y se utiliza en sopas, arroces, guisos.

## Romero (Rosemary)

- Aroma y Sabor: fuerte y muy perfumado.
- Usos: carnes, cordero, ternera, cerdo, pollo, salsa de tomates, panes, guisos, pizzas.

## Salvia (Sage)

- Aroma y sabor: fuerte y perfumado.
- Usos: pollo, aves, carnes, embutidos, salsas y ensaladas.

## Tomillo (Thyme)

- Aroma y sabor: intenso pero muy agradable y parecido al orégano.
- Usos: sopas, vegetales, salsa a base de tomates, carnes asadas, panes y salsas.

# MESA

## MESA FORMAL

### Vajilla

*Para esta ocasión se utilizan vajilla de porcelana fina. Los platitos de pan serán platitos de plata. Cada comensal utilizará cuatro platos.*

**• 2 llanos, uno hondo y uno de postre dependerá del menú seleccionado. También contará con su taza de consomé y su taza para el café o té.**
**• Si se sirve un consomé debemos colocar un papelillo o mantelito sobre el plato llano para evitar ruidos innecesarios.**

**NOTA: Si sirviéramos ensaladas este plato se colocará al lado izquierdo del plato principal del comensal.**

### Cubiertos

*La cubertería será de plata o alpaca.*

**• Los tenedores se colocarán a la izquierda del plato principal, excepto el tenedor de pescado que siempre irá a la derecha.**
**• Los cuchillos se colocan a la derecha del plato con el filo hacia el plato.**
**• Las servilletas se colocan a la izquierda aunque hay quienes prefieren colocarlas sobre el mismo plato.**
**• Las cucharas se colocan a la derecha de los cuchillos con la parte cóncava de cara. La cuchara para el postre su lugar apropiado es delante del plato.**

### Copas

*Se utilizará todo el servicio de copas. De izquierda a derecha colocamos las copas: agua, vino tinto, vino blanco, vino dulce y copa para el licor.*

**• Las copas de agua se pueden eliminar en una comida formal. Las copas tipo flauta para la cava se colocan bien a la izquierda o en segunda fila entre las copas de agua y vino.**

## MESA INFORMAL

### Vajilla y Mantelería

*La vajilla más adecuada para esta ocasión será una de loza, cerámica o porcelana gruesa. Los platitos del pan pueden ser de cristal o loza.*

### Cubiertos

*La cubertería será de acero inoxidable.*

### Copas

*Sólo se utilizará copas de agua y de vino de vidrio.*

# EQUIPO BÁSICO

## OLLAS Y SARTENES

Olla 4 litros
Olla 6 litros
Olla 8 litros
Cacerola pequeña
3 sartenes (tamaño pequeño, mediano y grande)
1 sartén profunda o wok

## ENSERES PEQUEÑOS

Tostadora
Licuadora eléctrica
Batidora eléctrica
Freidora
Procesador de Alimentos
Microonda
Cafetera o máquina de café espresso

## UTENSILIOS

1 set de cuchillos
Espátulas de goma de diferentes tamaños
Cucharas para cocinar
Tenazas
Cuchillito de mondar (pelador)
Set de tazas para medir líquidos
Set de tazas para medir sólidos
Set de cucharitas para medir
Abridor de latas
Tablas de madera o picador
Tostonera
Coladores de diferentes tamaños
Coladores para escurrir pastas y vegetales
Brochitas
Termómetro de horneo
Majador de papa
Batidores de alambre
Rodillo
Mortero o pilón
Balanza
Termómetro para carnes
Guayo
Tijera
Exprimidor de limones

## EQUIPO DE HORNEO

Bandejas de horneo
Reloj
Rejillas de alambre
Molde de brazo gitano
Molde de resorte
Moldes redondos
Moldes cuadrados
Moldes para tartas

# SUSTITUTOS DE ALIMENTOS

| | |
|---|---|
| Ajo: 1 diente (Garlic) | • 1 cdita. ajo triturado |
| Ajo Puerro (Leek) | • Combina cebolla con ajo |
| Azúcar: 1 taza (Granulated Sugar) | • 1 taza azúcar negra, 2 tazas azúcar en polvo (10X), 1 taza sustituto de azúcar, 1 taza miel |
| Caldo de Pollo: 1 taza (Chicken Broth) | • Cubito o concentrado (1 más 1 taza agua) |
| Caldo de Res: 1 taza (Beef Brooth) | • Cubito o concentrado (1 más 1 taza agua) |
| Cebolla: 1/3 taza (Onion) | • 1 cdita. cebolla en polvo o 1 cda. cebolla deshidratada |
| Crema agria:1 taza (Sour Cream) | • Yogurt (1 taza) |
| Crema Espesa (Heavy Cream) | • Crema batida congelada |
| Crema Ligera: 1 taza (Half & Half) | • 1 taza leche fresca y 1 cda. mantequilla o leche evaporada |
| Chocolate de Horneo: 4 oz. (Sweet Baking Chocolate) | • 1/4 taza cocoa en polvo, 1/3 taza azúcar granulada, 3 cdas. manteca vegetal |
| Chocolate Semidulce: 1 onza (Semisweet Chocolate) | • 1 onza chocolate sin endulzar, 1 cda. azúcar |
| Harina de Bizcocho: 1 taza (Flour Cake) | • 1 taza harina de trigo y 1/2 cdta. sal, 1 cdita. baking powder |
| Hierbas frescas: 1 cucharada (Herb) | • ½ cdita. Hierbas secas |

# SUSTITUTOS DE ALIMENTOS

| Alimento | Sustituto |
|---|---|
| Huevo entero (Egg) | • 2 claras de huevos, 2 yemas ó 1/4 taza de sustituto de huevo |
| Jugo de Tomate: 1 taza (Tomato Juice) | • ½ taza salsa de tomate más una taza de agua |
| Leche Fresca Entera: 1 taza (Whole Milk) | • ½ taza leche evaporada, ½ taza agua |
| Maicena: 1 cucharada (Cornstarch) | • 2 cdas. harina de trigo |
| Mantequilla: 1 taza (Butter) | • 1 taza margarina, 1 taza manteca vegetal, 1/3 cdta. sal |
| Melaza (1 taza) MOLASSES | • 1 taza miel |
| Miel (1 taza) HONEY | • Azúcar (1 1/4 taza más 1/4 taza agua) |
| Mostaza preparada (1 cucharada) MUSTARD | • Mostaza en polvo (1 cucharadita) |
| Pan molido (1/4 taza) BREAD CRUMBS | • 1/4 taza galletas export soda trituradas, 1/4 taza cornflakes molidos |
| Polvo de horneo (1 cucharadita) BAKING POWDER | • ½ cdta. cremor tártaro más 1/4 cdta. baking soda |
| Salsa de tomate (1 taza) TOMATO SAUCE | • Pasta de tomate ( 1/4 taza más 1 taza agua) |
| Sirope de maíz (1 taza) CORN SIROP | • 1 taza azúcar granulada más 1/4 taza agua |
| Suero de leche (1 taza) BUTTERMILK | • Mezcla 1 taza leche con 1 cdita. jugo de limón y deja reposar por 5 minutos o utiliza 1 taza yogurt plain |

# TABLA DE EQUIVALENCIA

| | |
|---|---|
| 225°F | 107°C |
| 250°F | 121°C |
| 275°F | 135°C |
| 300°F | 149°C |
| 325°F | 163°C |
| 350°F | 177°C |
| 375°F | 190°C |
| 400°F | 205°C |
| 425°F | 218°C |
| 450°F | 232°C |
| 475°F | 246°C |
| 500°F | 260°C |

| | |
|---|---|
| 3 cucharaditas | 1 cucharada |
| 1 cucharada | 1/2 onza |
| 2 cucharadas | 1 onza |
| 4 cucharadas | 2 onzas ó 1/4 taza |
| 1 taza | 8 onzas |
| 2 tazas | 1 pinta, 1 libra o 16 onzas |
| 4 tazas | 2 pintas o 1 cuartillo |
| 1 pinta | 16 onzas o 2 tazas |
| 1 cuartillo | 32 onzas o 2 pintas |
| 1 libra | 16 onzas o 2 tazas |

# CONSEJITOS ÚTILES

**1. Cuando vayas a preparar una receta debes leer la receta con mucho cuidado.**

**2. Verifica si tienes todos los ingredientes y los equipos y utensilios para la confección.**

**3. Mide la receta completa y luego comienza la confección.**

**4. Sigue las instrucciones de la receta. No haga cambios a menos que tenga una Orejita o recomendación para modificarla. Esto te garantizará una receta muy sabrosa.**

**5. Antes de comenzar a preparar una receta limpia el área de trabajo y debes lavarte las manos. Además siempre que vayas a cocinar utiliza zapatos cerrados y delantal.**

**6. Cuando termines de cocinar limpia todos los utensilios, equipos y superficies de la cocina. Con esto evitarás que los alimentos se contaminen.**

**7. Nunca desatiendas la cocina mientras estás horneando o cocinando.**

**8. Para preparar frituras lo ideal es utilizar una freidora (deep fryer) pero si utilizas una sartén profunda procura colocarla en la hornilla trasera para evitar accidentes.**

**9. Cuando vayas a sacar algo del horno utiliza siempre los guantes o agarraderas para evitar quemaduras.**

**10. Siempre que la instrucciones de horneo te indique que debes precalentar, precalienta el horno, esto te garantizará un horneo perfecto.**

**11. Para eliminar el mal olor y sabor del arroz ahumado, coloca y hunde una cebolla cruda en el centro, cúbrela con el arroz, tapa por 10 minutos y luego remueve la cebolla.**

**12. Cocina los vegetales verdes destapados para que conserven su color.
Los vegetales que crecen bajo la tierra se cocinan tapados.**

**13. Flanes - Recuerda desmoldar frío para evitar que se rompan. Mi recomendación es que una vez que lo retires del horno coloca sobre una superficie y deja enfriar. Luego coloca en el refrigerador hasta que esté completamente frío.**

**14. Para espesar los guisos o salsas puedes hacer una combinación de harina de trigo y mantequilla a parte iguales y añadir al final, a tu gusto. Añade la cantidad que prefiera según el espesor que desees lograr.**

**15. Huevos - Para saber si un huevo está fresco, sumérjelo en agua salada. Si lo está, caerá al fondo. Si no, flotará.**